DANIELA
KATZENBERGER

DIE KATZE KOCHT

DANIELA KATZENBERGER

DIE KATZE KOCHT

Food-Fotografie: Becca Crawford
People-Fotografie: Boris Breuer

Inhalt

»Alle meine Lieblingsrezepte sind ganz leicht nachzukochen und superlecker. Deshalb möchte ich sie mit euch teilen.«

Vorwort

Auch wenn ich vielleicht nicht so aussehe, koche ich inzwischen echt gerne. Allerdings nur, wenn ich dafür nicht stundenlang in der Küche stehen muss. Das ist mir noch viel klarer geworden, seit ich Mama bin. Ich habe keine Geduld. Ich habe ein Kind! Ich habe auch keinen Bock, stundenlang einzukaufen, und ich will nicht in den Oman reisen, um eine bestimmte Zutat zu bekommen. Melone ist für mich exotisch genug.

Weil ich so gern esse, schaue ich mir auch total gern Kochbücher an. Die meisten sind mir aber viel zu kompliziert. Wenn ich lese, was ich da alles brauche, und dass ich eine Pipette hiervon, ein Mikrogramm davon und drei Blütenblätter frisch von der Wiese darüberstreuen soll, habe ich schon keine Lust mehr. Viel zu aufwendig! Für mich sollte da einfach stehen: »Nehmen Sie einen Esslöffel davon und drei Teelöffel hiervon …« Genau so, wie ich es meiner Tochter erkläre, wenn wir Pfannkuchen backen. Und ich mag einfache Rezepte, die schnell gehen. Weil ich so ein Kochbuch nicht kenne, habe ich mir gedacht: Das machst du jetzt einfach selbst! Also habe ich alle meine Lieblingsrezepte aufgeschrieben. Und die von Lucas und Sophia gleich noch dazu. Das ist dabei rausgekommen.
Ich wünsche dir viel Spaß beim Nachkochen!

Daniela Katzenberger

Einfach

UND LECKER

Lecker muss nicht lange dauern. Darf es bei mir auch gar nicht, denn wenn ich Hunger habe, kippt die Stimmung schnell mal. Dann werden aus Katzen Tiger.

Kochen macht Spaß!

Ich spare in der Küche echt gerne Zeit. Aber Küchenmaschinen mag ich trotzdem nicht so sehr. Frauen und Technik … Ich weiß noch: Wenn meine Mama früher gekocht hat, hat man immer gedacht, dass da ein LKW ausparkt oder jemand ein Haus in der Küche baut. Ich mag es viel lieber, wenn ich noch Sophia mit ihren Puppen spielen oder den Fernseher aus dem Wohnzimmer höre. Das beruhigt mich, wenn ich so vor mich hin schnippele. Musik beim Kochen ist auch super. Natürlich höre ich nicht nonstop »Anita«, aber ich stehe auf Popschnulzen zum Mitsingen.

DIE KÜCHE GEHÖRT MIR!

Ehrlich gesagt bin ich ganz gern alleine in der Küche. Klar kochen wir auch mal zusammen, aber das ist schon anstrengend. Sophia will eigentlich überall Nussnugatcreme reinmischen und Lucas ist so ein »Küchenklugscheißer«. Immer ist ihm alles zu salzig, zu fettig oder zu süß. Aber ich mag es halt am liebsten genau so. Wir Pfälzer sind ja sowieso chronische Nachsalzer. Ich muss gar nicht erst probieren, da hab ich schon den Salzstreuer in der Hand.

Was ich dagegen gar nicht mag, sind Gewürzmischungen. Die gibt es bei mir nicht im Schrank, dafür aber zwei ganz wichtige Zutaten: Tomatenmark und Zwiebeln. Die beiden zusammen sind schon die halbe Miete. Tomatenmark hat ein super Röstaroma – tolles Wort, oder? Es ist schön würzig und verbessert deswegen so ziemlich jedes Gericht. Dazu hat es ganz wenig Kalorien.

Pesto ist übrigens auch so was, das ich immer im Kühlschrank habe. Für schnelle Spaghetti oder als Dip mit Brot. Anders als meine Mama kann ich nämlich leider keine Saucen. Höchstens so Standardsaucen ohne viel Schnickschnack. Dafür brauche ich beim Kochen nicht so viele Töpfe. Ich finde sowieso, dass zwei eigentlich genug sind. Ich hab schließlich auch nur zwei Hände.

Der Gerechtigkeit halber muss ich jetzt doch noch sagen, dass es andersherum auch nicht anders ist: Wenn Lucas kocht, muss ich raus aus der Küche. Er rennt mich sonst die ganze Zeit um. Er ist ja auch so groß. Da übersieht er mich schon mal. Außerdem macht er immer so viel Krach. Also in der Küche begegnen wir uns definitiv nicht auf Augenhöhe. Wir sind beide eher so Küchenegoisten.

Mallorca-Feeling!

»Wenn ich allein bin, koche ich fast nie. Dann mache ich mir was Schnelles: Salat, Brot mit Leberwurst oder Gemüse mit Dip.«

Rührei

GEHT IMMER

Für 2 Personen • 10 Min. Zubereitung • Pro Portion ca. 315 kcal

1 Handvoll Kirschtomaten (ca. 100 g)
2 Stängel Petersilie
4 Eier (M)
4 EL Milch
Salz
1 EL Butter
50 g Schafskäse (Feta)

1 Tomaten waschen und vierteln. Die Petersilie waschen und trocken schütteln, die Blätter abzupfen und fein hacken. Die Eier mit der Milch und 1 Prise Salz in einer Schüssel verquirlen.

2 Die Butter in einer Pfanne bei mittlerer Hitze schmelzen und die Tomaten darin 1–2 Min. erhitzen. Die Eimischung dazugießen und unter Rühren bis zur gewünschten Konsistenz stocken lassen.

3 Das Rührei auf zwei Teller verteilen, den Feta darüberbröckeln und mit der Petersilie bestreuen.

♥ Danielas Tipp: Für eine deftige Rührei-Variante 1 Handvoll Champignons (ca. 80 g) putzen und in Scheiben schneiden, 2 Scheiben Kochschinken würfeln. Pilze und Schinken in der Butter 2–3 Min. anbraten. Dann die Eimischung mit 1 TL Senf hinzufügen und das Rührei wie beschrieben garen.

Toast

MIT SPECK UND EI

Für 2 Personen • 5 Min. Zubereitung • 20 Min. Backen • Pro Portion ca. 255 kcal

2 Scheiben Toastbrot
2 TL weiche Butter
4 Scheiben Frühstücksspeck
2 Eier (S)
¼ Bund Schnittlauch

1 Den Backofen auf 200° vorheizen. Ein Backblech mit Backpapier belegen.

2 Auf jeder Toastscheibe mittig einen ca. 5 cm großen Kreis flach drücken. Die Brote mit der Butter bestreichen und die Speckstreifen kreuzförmig darauflegen. Die Toasts auf das Backblech legen.

3 Die Eier nacheinander aufschlagen und jeweils in die Mitte der Toastbrote gleiten lassen. Die Toasts im Ofen (Mitte) 15–20 Min. backen.

4 Den Schnittlauch waschen, trocken schütteln und in Röllchen schneiden. Die Toasts vor dem Servieren mit dem Schnittlauch bestreuen.

»Toast, Eier und Speck haben wir eigentlich immer im Haus. Weil alles lang hält und man so ziemlich alles damit machen kann. Daraus lässt sich im Nu was Leckeres zaubern.«

Für 4 Personen • 35 Min. Zubereitung • Pro Portion ca. 715 kcal

Frikadellen

MIT KARTOFFELBREI

FÜR DEN KARTOFFELBREI:

1 kg mehlig kochende Kartoffeln
Salz
250 ml Milch
Pfeffer
2 EL Butter
frisch geriebene Muskatnuss

FÜR DIE FRIKADELLEN:

1 dicke Scheibe Mischbrot vom Vortag
500 g gemischtes Hackfleisch
1 große Zwiebel
2 TL Knoblauchpulver
1 Ei (L)
2 TL mittelscharfer Senf
Salz
Pfeffer
3 EL Butter

AUSSERDEM:

2 Stängel Petersilie

1 Für den Kartoffelbrei die Kartoffeln schälen, waschen und in grobe Stücke schneiden. Die Kartoffeln in gesalzenem Wasser zugedeckt in 15–20 Min. weich kochen.

2 Inzwischen für die Frikadellen das Brot in dünne Scheiben schneiden und mit Wasser bedeckt ca. 5 Min. einweichen lassen.

3 Das Hackfleisch in eine Schüssel geben. Die Zwiebel schälen, in kleine Würfel schneiden und mit Knoblauchpulver, Ei, Senf, Salz und Pfeffer unter das Hackfleisch mischen. Das Brot leicht ausdrücken und unter die Masse kneten.

4 Aus der Fleischmasse zwölf flache Frikadellen formen. Die Butter in einer Pfanne erhitzen und die Frikadellen darin auf jeder Seite in 5–7 Min. mittelbraun braten. Die Petersilie waschen und trocken schütteln, die Blätter abzupfen und fein hacken.

5 Die Milch mit 1 Prise Salz, Pfeffer und Butter erhitzen. Die Kartoffeln abgießen und die Milch-Butter-Mischung darübergießen. Alles mit einem Kartoffelstampfer zu einem Püree zerdrücken und dabei mit 1 Prise Muskatnuss würzen.

6 Die Frikadellen mit dem Kartoffelbrei auf Teller verteilen und mit der Petersilie bestreut servieren.

»Das ist so ein richtiges Familienessen. Pommes passen auch gut dazu oder Ofenkartoffeln, aber mit Kartoffelbrei mögen wir Frikadellen alle drei am liebsten. Weil ich die auch gern kalt esse, mache ich oft die doppelte Menge davon.«

Tomatensalat

MIT THUNFISCH & FETA

Für 4 Personen • 15 Min. Zubereitung • Pro Portion ca. 330 kcal

1 rote Zwiebel
6 Tomaten
2 Dosen Thunfisch (à 185 g)
2 ½ EL Weinessig (ersatzweise Aceto balsamico)
Salz
Pfeffer
5 EL Olivenöl
100 g Schafskäse (Feta)
4 Stängel Petersilie

1 Die Zwiebel schälen und in kleine Würfel schneiden. Die Tomaten waschen, halbieren und in Stücke schneiden, dabei die Stielansätze entfernen.

2 Den Thunfisch abtropfen lassen und in Stücke zerteilen. Den Essig mit Salz, Pfeffer und Öl verrühren. Tomaten, Zwiebel und Thunfisch auf Teller verteilen. Das Dressing darüberträufeln und den Feta darüberbröckeln.

3 Die Petersilie waschen und trocken schütteln, die Blätter abzupfen und kleiner zupfen oder hacken. Die Petersilie über den Salat streuen.

»Tomatensalat essen wir wirklich oft, weil man ihn leicht abwandeln kann. Statt Thunfisch und Feta für den Griechen kommt zum Beispiel Mozzarella dazu oder ein paar übrig gebliebene Nudeln. Oder kaltes Hähnchen. Oder Oliven …«

Ofenlachs

MIT KNOBLAUCH UND HONIG

♥ Danielas Tipp: Zu dem würzigen Ofenlachs passt ein Blattsalat oder körnig gekochter Langkornreis.

Für 2 Personen • 10 Min. Zubereitung • 12 Min. Backen • Pro Portion ca. 570 kcal

400 g Lachsfilet
Salz
Pfeffer
2 EL Butter
3 Knoblauchzehen
1 Bio-Zitrone
1 EL Honig
2 Stiele Petersilie

1 Den Backofen auf 220° vorheizen. Das Lachsfilet in zwei Stücke schneiden, nebeneinander auf einen Bogen Alufolie legen und mit Salz und Pfeffer bestreuen. Die Butter in Flöckchen darauf verteilen.

2 Den Knoblauch schälen, fein würfeln und auf die Filets streuen. Die Zitrone heiß waschen und abtrocknen, in Scheiben schneiden und auf den Lachs legen. Den Honig darüberträufeln.

3 Die Petersilie waschen und trocken schütteln, die Blätter abzupfen, fein hacken und auf die Zitronenscheiben streuen. Die Folie über dem Fisch zu einem Päckchen verschließen. Die Lachspäckchen auf ein Backblech legen und im Ofen (Mitte) 10–12 Min. backen.

Für 4 Personen • 20 Min. Zubereitung • 10 Min. Kochen • Pro Portion ca. 445 kcal

SCHNELLES

Hühnerfrikassee

3 EL Butter
4 Hähnchenbrustfilets (à ca. 140 g)
Salz
Pfeffer
200 g Champignons
2 EL Mehl
500 ml Hühnerbrühe
300 g TK-Mischgemüse
200 g Sahne (Zimmertemperatur)
1 Spritzer Zitronensaft

1 In einer Pfanne 1 EL Butter erhitzen. Die Hähnchenfilets mit Salz und Pfeffer würzen und in der Pfanne auf jeder Seite in 5–7 Min. goldbraun garen.

2 Inzwischen die Champignons putzen, trocken abreiben und in Scheiben schneiden. Die restliche Butter (2 EL) in einem Topf bei mittlerer Hitze schmelzen lassen. Das Mehl mit dem Schneebesen unterrühren und die Mischung unter Rühren goldgelb dünsten lassen. Unter weiterem Rühren portionsweise die Brühe unterrühren.

3 Die Hähnchenfilets in Stücke schneiden, mit den Pilzen und dem Gemüse unter die Sauce mischen und zugedeckt 10 Min. köcheln lassen. Die Sahne unterrühren und das Frikassee mit Salz, Pfeffer und Zitronensaft abschmecken. Dazu passt Langkornreis.

»Hühnerfrikassee ist ein richtiges Angeberessen. Da denkt jeder, du hast gerade einen super Kochkurs gemacht und hast stundenlang am Herd gestanden. Dabei ist es so einfach. Aber das darf man natürlich nicht verraten.«

Oikaafszeddel:
– Zwiwwel
– Rindabrieh
– Gemischtes Haggfläsch
– Rindaläwwa
– Salz un Peffa
– Gemischtes Gemies
– Bräde Nuddle
– Fläschwoscht
– Oigeleggte Paprikasträfe
– Uffschnitt
– Hähnschebruschtfilet
– bissel Äl
– Onnanass (halwi Long)
– Sohne
– Milldudde
– Kischedischa
– Pudefläsch

Mama Iris

KOCHT – UND DIE KANN DAS RICHTIG GUT!

Meine Mama ist für mich die beste Köchin. Die beherrscht einfach alles, was mir schmeckt, vor allem die deftige Pfälzer Küche. Da kann man sich immer schön was abschauen.

Meine Kindheitsküche

Meine Mama hatte mit 25 drei Kinder und war dreimal verheiratet. Sie hatte also immer hungrige Männer und Kinder um sich – und dabei gab es damals noch gar keine Lieferdienste. Am Wochenende waren wir zwar manchmal im Schnellrestaurant, aber sonst wurde immer selbst gekocht.

Vor allem gab es bei uns zu Hause, seit ich denken kann, immer Hackfleisch. Daraus wurde alles mögliche gemacht. Das gab's mit Nudeln, Kartoffeln, Reis, Knödeln, als Chili oder in der Paprikaschote. Ich mag Hackfleisch heute noch genauso gern wie als Kind.

Ganz wichtig waren bei Mama Lorbeerblätter und Nelken als Gewürz. Das ist so der typische Mamageschmack – stets ein bisschen weihnachtlich. Überhaupt hat Mama immer mit kleinen Mitteln tolle Sachen gezaubert. Sie hat zum Beispiel aus Toastbrot Croûtons für den Salat gemacht. Sie hat es einfach geschafft, dass wir gegessen haben wie die Könige. Und sie hat viel Farbe ins Spiel gebracht. Und wenn's nur die Smarties auf dem Geburtstagskuchen waren.

Vor allem zu Weihnachten fährt meine Mama richtig auf: Buttergebäck mit Unmengen Butter, 10 kg Truthahn und kiloweise Knödel. Ich liebe das, und auch Lucas muss inzwischen helfen, er ist offizieller Knödelbeauftragter.

Happy Family!

WER FÜR DICH KOCHT, HAT DICH LIEB
Kochen und Essen hatten bei uns einen hohen Stellenwert. Wenn gestritten wurde und danach meine Mutter sagte: »Ich hab gekocht«, bedeutete das so viel wie: »Ich hab dich lieb.« Mit diesen drei Wörtchen war alles gesagt und deswegen wurde danach auch nie wieder darüber gesprochen. Essen hieß immer Versöhnung. Was viel früher mal die Friedenspfeife war, waren bei uns Spaghetti Bolognese oder Käsekuchen. Essen war immer die Lösung. Für alles.

Noch heute rufe ich meine Mama an, wenn ich Lust habe, zu kochen. Die hat immer ein gutes Rezept. Und es ist nie zu kompliziert, die kennt ihre Tochter. Meine Mama hat einfach immer alles im Kopf. Vielleicht habe ich dieses Buch ja auch deshalb geschrieben, damit Sophia später was hat, wenn sie auszieht und nicht immer ihre Mama anrufen muss, wenn sie nicht weiß, was sie essen soll. Ich könnte ihr nämlich definitiv nicht so gut weiterhelfen.

»Ich weiß nicht, wie sie das schafft, aber meine Mama kann einfach gut kochen, auch wenn fast alles 1 000 Kalorien hat.«

Für 8 Personen • 1 Std. 10 Min. Zubereitung • Pro Portion ca. 820 kcal

Pfälzer Leberknödel

MIT SAUERKRAUT UND ZWIEBELSAUCE

FÜR DAS SAUERKRAUT:

2 große Zwiebeln
1 EL Butterschmalz
2 EL Zucker
2 Dosen Sauerkraut (à 850 g)
6 Lorbeerblätter
½ l Rinderbrühe

FÜR DIE KNÖDEL:

1 kg gemischtes Hackfleisch
1 kg Rinderleber (durchgedreht)
2 Eier (M)
1 Msp. Muskatnuss
½ TL getrockneter Oregano
200 g Semmelbrösel
Salz, Pfeffer

FÜR DIE SAUCE:

200 g Zwiebeln
100 g Butterschmalz
2 EL Mehl
1 l Rinderbrühe
1 EL Zucker
Salz, Pfeffer

1 Für das Sauerkraut die Zwiebeln schälen und fein würfeln. Das Butterschmalz in einem Topf erhitzen und die Zwiebeln darin andünsten. Den Zucker untermischen und leicht karamellisieren lassen.

2 Das Sauerkraut in einem Sieb abtropfen lassen. Dann mit Lorbeerblättern und Brühe zu den Zwiebeln geben und alles zugedeckt ca. 1 Std. köcheln lassen.

3 Inzwischen für die Knödel alle Zutaten in einer Schüssel verkneten, dabei kräftig mit Salz und Pfeffer würzen. Aus dem Hackfleisch-Leber-Teig 21 Knödel formen.

4 In zwei weiteren Töpfen gesalzenes Wasser zum Kochen bringen. Die Leberknödel hineingeben und 10–15 Min. sieden lassen, bis sie an die Oberfläche schwimmen.

5 Für die Sauce die Zwiebeln schälen und fein würfeln. Das Butterschmalz in einem Topf erhitzen und die Zwiebeln darin glasig dünsten. Das Mehl unter Rühren hinzufügen. Unter weiterem Rühren portionsweise die Brühe hinzufügen und die Sauce köcheln lassen, bis sie andickt. Den Zucker einrühren und mit Salz und Pfeffer würzen.

6 Die Knödel mit dem Schaumlöffel herausheben, kurz abtropfen lassen und mit dem Sauerkraut und der Sauce auf Tellern anrichten. Mit Pfeffer bestreuen und servieren.

»Mit den Leberknödeln hat Mama beim Promidinner gewonnen. Statt Zwiebelsauce ist auch Kartoffelbrei echt lecker dazu. Der Kartoffelbrei muss aber unbedingt selbst gemacht werden, mit Butter, Milch und Muskatnuss.«

»Das ist eins der Gerichte, von denen ich schon als Kind nicht genug kriegen konnte. Es ist fast ein Wunder, dass ich mich noch nicht daran überfressen habe. Heute esse ich Chili sogar noch öfter als früher, weil es mittlerweile auch eins von Lucas Lieblingsessen ist.«

Chili

CON CARNE

Für 10 Personen • 15 Min. Zubereitung • 30 Min. Kochen • Pro Portion ca. 495 kcal

2 Zwiebeln
2 EL Öl
1 kg Rinderhackfleisch
4 Dosen rote Bohnen (à 400 g)
2 Dosen Mais (à 300 g)
1 TL Knoblauchpulver
2 TL Paprikapulver
1 TL gemahlener Kreuzkümmel
1 Tube Tomatenmark (200 g)
1 Dose stückige Tomaten (400 g)
3 getrocknete Chilischoten (ersatzweise Chiliflocken)
1 Espresso (als Geheimwaffe)
Salz
Pfeffer

1 Die Zwiebeln schälen und fein würfeln. Das Öl in einem großen Topf erhitzen und die Zwiebeln darin andünsten. Das Hackfleisch hinzufügen und unter gelegentlichem Rühren scharf anbraten.

2 Die Bohnen und den Mais in einem großen Sieb abtropfen lassen. Die Gewürze und das Tomatenmark unter das Hackfleisch mischen. Bohnen, Mais, Tomaten sowie 2 Tomaten-Dosen Wasser hinzufügen. Die Chilischoten und den Espresso untermischen.

3 Das Chili con Carne zugedeckt ca. 30 Min. köcheln lassen. Mit Salz und Pfeffer kräftig würzen. Dazu passt Baguette.

Für 10 Personen • 30 Min. Zubereitung • 4 Std. Kühlen • Pro Portion ca. 925 kcal

Nudelsalat

FÜR ALLE

750 g Spirelli-Eiernudeln
Salz
6 Eier (M)
1 Dose Mais (300 g)
2 kleine Dosen Erbsen (à 400 g)
6 große Essiggurken (+ etwas Einlegeflüssigkeit)
1 kleine Zwiebel
1 Ring Fleischwurst (ca. 650 g)
2 kleine Gläser eingelegte Paprikastreifen (à 300 g)
500 g Salat-Mayonnaise
5 EL Öl
2 EL mittelscharfer Senf
2 geh. EL Currypulver
1 EL Paprikapulver
Pfeffer

1 Die Nudeln in reichlich kochendem Salzwasser nach Packungsanweisung garen. Dann in ein Sieb abgießen und abkühlen lassen. Die Eier in 8 Min. hart kochen, abschrecken und pellen. Die Eier in kleine Würfel schneiden.

2 Mais und Erbsen in einem Sieb abtropfen lassen. Die Essiggurken in kleine Würfel schneiden. Die Zwiebel schälen und ebenfalls in kleine Würfel schneiden. Die Fleischwurst häuten und in 1 cm große Würfel schneiden.

3 Alle vorbereiteten Zutaten in eine große Schüssel geben. Die Paprika samt Einlegesud dazugeben und alles mischen.

4 Die Mayonnaise mit Öl, Senf, Curry- und Paprikapulver verrühren, kräftig mit Salz und Pfeffer würzen. Die Mayocreme mit den Zutaten in der Schüssel mischen und mit Salz und Pfeffer abschmecken. Den Nudelsalat im Kühlschrank mindestens 4 Std. durchziehen lassen.

»Diesen Nudelsalat gab es bei uns zu Hause immer beim Grillen und bei jeder Party sowieso. Wenn Mama ihn mal anders gemacht hat, haben wir das sofort rausgeschmeckt – und gestreikt. Erst recht, als sie als gesunde Alternative einen Reissalat machen wollte. Geht's noch?«

Für 4 Personen • 25 Min. Zubereitung • Pro Portion ca. 565 kcal

Kichererbsen-One-Pot

PETER MACHT LOW CARB

500 g Hähnchenbrustfilets
1 Zwiebel
1 EL Öl
1 TL Kurkumapulver
1 TL Currypulver
1 TL Paprikapulver
Salz
Pfeffer
2 EL Tomatenmark
1 Dose Kichererbsen (400 g)
1 Dose Kokosmilch (400 g)
½ TL Johannisbrotkernmehl (ersatzweise Speisestärke)
½ Ananas

1 Die Hähnchenfilets in dünne Scheiben schneiden. Die Zwiebel schälen und fein würfeln. Das Öl in einem Topf erhitzen, das Fleisch und die Zwiebel darin anbraten. Mit Kurkuma, Curry-, Paprikapulver, Salz und Pfeffer würzen. Das Tomatenmark kurz mitrösten.

2 Die Kichererbsen in ein Sieb abgießen. Dann mit der Kokosmilch, 1 Dose Wasser und dem Johannisbrotkernmehl hinzufügen und alles offen 15 Min. köcheln lassen.

3 Die Ananas schälen, den harten Mittelstrunk entfernen und das Fruchtfleisch in kleine Stücke schneiden. Die Ananas kurz vor dem Servieren untermischen.

»Ich finde, dass nicht immer alles frisch sein muss. Es gibt auch Gutes aus der Dose, so wie Kichererbsen zum Beispiel. Wenn man die getrocknet kauft, dauert es ewig, bis was zu essen auf dem Tisch steht. Dieser Pott ist dagegen ruckzuck fertig.«

»Mama ist nicht unbedingt die größte Kuchenbäckerin. Aber diesen Käsekuchen, den macht sie wirklich perfekt. Der ist auch zu Weihnachten ein Muss. Und am besten schmeckt er frisch aus dem Ofen, nur lauwarm abgekühlt. Da könnte ich mich reinlegen.«

WELTBESTER Käsekuchen

Für 12 Stücke • 25 Min. Zubereitung • 1 Std. Backen • Pro Portion ca. 425 kcal

FÜR DEN BODEN:
100 g Zucker
125 g kalte Butter
1 Ei
200 g Mehl
1 Pck. Vanillezucker
1 TL Backpulver

FÜR DEN BELAG:
6 Eier (M)
1 kg Schichtkäse
200 g Zucker
200 g Sahne
1 Pck. Vanille-Puddingpulver

1 Für den Boden alle Zutaten in einer Schüssel mit den Fingern zu einem Teig verreiben. Den Teig in eine Kuchenform (28 cm Ø; am besten aus Silikon) geben und gleichmäßig auf dem Boden und am Rand andrücken. Den Backofen auf 180° vorheizen.

2 Für den Belag die Eier trennen und die Eiweiße steif schlagen. Die Eigelbe mit den übrigen Zutaten in einer Schüssel verrühren. Den Eischnee unterheben und die Masse in die Form gießen.

3 Den Käsekuchen im Ofen (Mitte) in ca. 1 Std. goldbraun backen. Gegen Ende der Backzeit immer wieder mal einen Blick in den Ofen werfen: Sollte der Kuchen an der Oberfläche zu dunkel werden, die Form mit einem Bogen Alufolie abdecken.

Schnell

MAL SCHLANK

Abspecken ist doof, muss bei mir aber manchmal sein, damit ich mir meine Jeans nicht im Liegen anziehen muss. Zum Glück gibt es aber viele leckere Rezepte gegen Hüftgold.

Knabber dich schlank!

Weil ich so gern esse, muss ich leider auch immer ein bisschen aufpassen. Das schlägt bei mir nämlich superschnell an. Liegt in der Familie. Meine Mama ist ja auch eher kurvig. Irgendwie hat der liebe Gott da nicht aufgepasst. Lucas dagegen kann essen, was er will und nimmt nicht zu. Gemein! Aber deswegen immer Kalorien zählen? Das hält doch kein Mensch durch. Da wird man ja unglücklich, wenn man den anderen nur noch beim Essen zuschaut.

Aber ich habe Glück: Eines meiner Lieblingsessen ist nämlich Hüttenkäse mit Salz, Pfeffer und Paprikapulver. Den häufe ich mir aufs Knäckebrot. Oder ich mach mir gleich eine ganze Schüssel davon und dazu eine Platte mit Paprika, Gurken, Möhren und Staudensellerie zum Reinstippen. Das sind meine Tapas à la Daniela. Die kann ich wie Chips knabbern – und werde dabei auch noch schlank.

Die Sache mit dem Dippen geht natürlich auch mit Guacamole oder Hummus. Letzterer gehört übrigens auch zu den Dingen, die ich immer im Kühlschrank habe, ist ein

Bunt & gesund

echt geiles Zeug. Einmal haben Lucas und ich versucht, Hummus selbst zu machen. Das ging mir aber nicht schnell genug, deshalb kaufe ich ihn jetzt wieder. Denn wenn ich Hunger habe, muss es ruckzuck gehen. Sonst bekomme ich schlechte Laune und das ist nicht schön für die Menschen um mich herum. Sobald ich was zu kauen habe, bin ich happy. Und besonders, wenn das auch noch gesund ist und schlank macht.

KOCHEN STATT FITNESS

Abnehmen bedeutet natürlich immer auch Sport machen. Aber was das angeht, bin ich seit jeher so der Typ »U-Boot-Training«. Ich tauche mal auf und dann bin ich wieder weg. Bis Lucas mich wieder motiviert. Ich will auch nicht nach jedem Stück Schokolade eine Stunde auf den Crosstrainer. Dann zwischendurch lieber was Kalorienarmes futtern. Und mit Sophia auf den Spielplatz, da verbrenne ich richtig Kalorien. Aber auch beim Kochen, weil man von einem Schrank zum nächsten läuft, sich hier bücken, da strecken muss. Kochen ist also auch eine Art Fitnessprogramm für mich. Aber eins, das viel mehr Spaß macht, als sich im Fitnessstudio zu quälen.

»Wenn ich schnell ein bisschen abspecken will, verzichte ich abends einfach auf Kohlenhydrate.«

Protein-Smoothie

MIT BEEREN UND LEINSAMEN

Für 1 Person • 5 Min. Zubereitung •
Pro Portion ca. 265 kcal

150 g Skyr (ersatzweise Joghurt)
1 EL Walnusskerne
1 EL Leinsamen
150 g TK-Beeren

1 Alle Zutaten mit 150 ml kaltem Wasser im Blitzhacker oder in einem hohen Rührbecher mit dem Pürierstab zu einem cremigen Smoothie mixen.

»Ich liebe ja Milchshakes, aber wenn ich ein bisschen abspecken möchte, ist so ein Protein-Smoothie viel besser. Er ist genauso cremig, hat weniger Kalorien und das Eiweiß darin ist gut für die Muskeln.«

GRÜNER

Fettkiller

Für 1 Person • 5 Min. Zubereitung •
Pro Portion ca. 120 kcal

100 g Ananasfruchtfleisch (ersatzweise Mango)
1 Handvoll Babyspinat (20 g)
¼ Salatgurke
100 ml Apfelsaft

1 Die Ananas in grobe Stücke schneiden. Den Spinat verlesen, waschen und trocken tupfen. Die Gurke waschen und in grobe Stücke schneiden.

2 Alle Zutaten mit dem Apfelsaft im Blitzhacker oder in einem hohen Rührbecher mit dem Pürierstab fein mixen.

♥ Danielas Tipp: Statt Apfelsaft eignet sich auch frisch gepresster Orangensaft für den Fettkiller.

Frühstücks-Bagel

MIT FRÜCHTEN

Für 2 Personen • 10 Min. Zubereitung •
Pro Portion ca. 210 kcal

2 Äpfel
2 Kiwis
4 EL Heidelbeeren
125 g Joghurt (Natur oder mit Frucht)
4 EL Granola

1 Die Äpfel waschen, das Kerngehäuse mit einem Ausstecher entfernen und die Äpfel in Scheiben schneiden. (Oder die Äpfel zuerst in Scheiben schneiden und das Kerngehäuse mit einem Messer herausschneiden.)

2 Die Kiwis schälen und in Würfel schneiden. Die Heidelbeeren waschen und trocken tupfen.

3 Die Apfelringe mit Joghurt bestreichen und mit Kiwis, Beeren und Granola bestreuen.

♥ Danielas Tipp: Ihr könnt eurer Fantasie freien Lauf lassen und den Bagel mit euren Lieblingsfrüchten belegen und mit Nüssen oder Müsli bestreuen, ganz wie es euch gefällt.

Porridge

MIT BEEREN UND NÜSSEN

Für 2 Personen • 5 Min. Zubereitung •
Pro Portion ca. 540 kcal

150 g Feinblatt-Haferflocken
150 ml Milch
150 g TK-Beeren
100 ml Orangensaft
1 Handvoll gemischte Nüsse

1 Haferflocken, Milch und 400 ml Wasser in einem Topf zum Kochen bringen. Die Mischung unter Rühren 5 Min. zu einem cremigen Porridge köcheln lassen.

2 Die Beeren mit dem Orangensaft in einem Topf (oder der Mikrowelle) aufkochen lassen. Die Nüsse grob hacken.

3 Den Porridge auf zwei Teller verteilen und mit den Beeren und Nüssen bestreuen.

»Irgendwer hat mir mal gesagt, dass es gut wäre, wenn man morgens etwas Warmes frühstückt, weil der Körper dann mehr Energie für den Tag hat. Seitdem mache ich mir statt Müsli oft Porridge – und fühle mich tatsächlich irgendwie besser.«

Für 2 Personen • 25 Min. Zubereitung • Pro Portion ca. 450 kcal

Zucchini low carb

MIT SCHINKEN UND KÄSE

2 große Zucchini
3 Scheiben Kochschinken
150 g fettarmer Frischkäse
100 g geriebener Mozzarella
1 TL Knoblauchpulver
1 TL getrocknete ital. Kräuter
Salz
Pfeffer

1 Den Backofen auf 220° vorheizen. Ein Backblech mit Backpapier belegen.

2 Die Zucchini putzen, waschen und längs halbieren. Die Zucchinihälften auf den Schnittseiten quer im Abstand von 2 cm tief einschneiden. Die Zucchini mit den Schnittflächen nach unten auf das Backblech legen und im Ofen (Mitte) 10 Min. garen.

3 Inzwischen den Schinken in kleine Würfel schneiden. Schinken, Frischkäse, Mozzarella, Knoblauchpulver und Kräuter verrühren. Die Masse mit Salz und Pfeffer würzen.

4 Die Zucchini aus dem Ofen nehmen, leicht abkühlen lassen und die Mischung in die Zucchinispalten drücken. Die Zucchini im Ofen (Mitte) weitere 10 Min. backen.

Gurken-Sandwich

MIT KÄSE UND SCHINKEN

Für 2 Personen • 5 Min. Zubereitung • Pro Portion ca. 195 kcal

2 Mini-Salatgurken
4 EL Kräuter-Frischkäse
2 Scheiben Gouda
2 Scheiben Kochschinken
4 Kirschtomaten
Salz
Pfeffer

1 Die Gurken putzen, waschen und längs halbieren. Mit einem Löffel die Kerne herauskratzen.

2 Den Frischkäse in die Vertiefungen der Gurken füllen. Käse und Schinken jeweils zusammenklappen und die Scheiben auf zwei Gurkenhälften legen.

3 Die Tomaten waschen, halbieren und ebenfalls darauflegen. Mit Salz und Pfeffer bestreuen und die übrigen Gurkenhälften darauflegen.

♥ Danielas Tipp: Die Sandwiches kann man natürlich auch mit normal großen Gurken machen. Dafür die Gurken sowie Käse und Schinken in Stücke schneiden. Aufeinanderstapeln und Piekser hineinstecken, damit die Türmchen zusammenhalten.

Detox marsch

MIT WASSERMELONE

Für 2 Personen • 5 Min. Zubereitung • 2 Std. Kühlen • Pro Portion ca. 75 kcal

2 Zitronen
1 l Mineralwasser mit Kohlensäure
3 Stängel Minze
2 Scheiben Wassermelone
1 Mini-Salatgurke

1 Den Saft der Zitronen auspressen und mit dem Mineralwasser in eine Karaffe geben. Die Minze waschen, leicht andrücken und hinzufügen.

2 Die Wassermelone schälen und in große Würfel schneiden. Die Gurke putzen, waschen und längs in Streifen schneiden. Melone und Gurke in die Karaffe geben und den Detox-Drink ca. 2 Std. kalt stellen.

»Viel trinken macht schön, weil alle Giftstoffe ausgespült werden. Blöd nur, wenn man wie ich nicht so gerne Wasser trinkt. Deshalb kommen in mein Detox-Wasser Zitrone, Wassermelone und Gurke. Die kurbeln auch gleich noch den Stoffwechsel an.«

Süße

SAUEREIEN

Ab und zu was Süßes gehört für mich zum Leben dazu. Und solange man nicht den ganzen Tag Schokolade in sich reinschaufelt, ist doch alles in Ordnung.

Für alle Sugar-Babes

Ich lebe mit zwei richtigen Naschkatzen zusammen und finde ja selbst, dass Süßes dazugehört. Aber wie oft habe ich Lucas und Sophia schon erwischt, wie sie zusammen Nussnugatcreme, die bekannte mit »N« am Anfang, direkt aus dem Glas löffeln. Nussnugatcreme! Geht's noch? Das mach ich höchstens heimlich. Dafür teilen Sophia und ich eine andere Leidenschaft, nämlich Milchschnitten. Die futtere ich ihr manchmal sogar auf dem Spielplatz weg. Und die anderen Kinder kommen auch oft zu mir gerannt, weil sie wissen, dass ich immer was Süßes dabeihabe.

Gut, wir sind keine Steinzeitmenschen mehr. Es ist halt so, dass es Schokolade gibt. Und wir leben alle gut damit. Aber als Mama hat man eine gewisse Verantwortung. Mit frischem Obst kann man auch ganz gesund naschen. Ich habe immer welches zu Hause, am liebsten Sorten, die auch mal ein bisschen länger halten, wie Äpfel, Bananen und Orangen. Die schneide ich klein und richte sie hübsch auf einem Teller an. Für die Tussi in mir kommt noch ein bisschen Drachenfrucht dazu. Die sieht einfach schön aus.

Und ich habe Datteln entdeckt. Man sagt ja, das sind die Pralinen der Veganer, aber dann bin ich gerne mal vegan. Vor allem, wenn man sie vorher noch mit einer Walnuss füllt. Datteln und Nüsse sind auch bei Heißhungerattacken gut, die machen sofort satt und vertreiben schlechte Laune. Trotzdem: Toast mit Nussnugatcreme und Banane, mein Gott, meeeega! Auch heute noch.

Zeit für Süßes!

FLÜSSIG-SCHOKI

Wenn ich Lust auf Süßes habe, aber nichts essen mag, mache ich mir einen großen Milchkaffee und gebe einen Teelöffel Kakao und etwas Zimt dazu. Lecker! Ich nehme Backkakao, weil der nicht so dick macht wie Trinkschokolade, wo so viel Zucker drin ist.

Schokokaffee ist auch toll, um sich selbst ein bisschen zu bescheißen. Denn es reicht ja meistens, dass es aussieht wie Kakao und ein bisschen nach Schokolade schmeckt. Mir zumindest. Man kann den Kakao sogar in Quark rühren. Und Obst dazupacken. Auch lecker und gesund!

»Naschen macht Spaß, wenn man kein schlechtes Gewissen dabei hat. Deshalb will ich mir nichts verbieten.«

Für 16 Stück • 20 Min. Zubereitung • 30 Min. Backen • Pro Portion ca. 280 kcal

Brownies

MIT WEISSER UND DUNKLER SCHOKOLADE

175 g Butter
175 g Zartbitterschokolade (70 % Kakaoanteil)
50 g weiße Schokolade
50 g Vollmilchschokolade
3 Eier (M)
275 g Zucker
75 g Mehl
40 g Kakaopulver

1 Den Backofen auf 180° vorheizen. Eine quadratische Backform (20 × 20 cm) mit Backpapier auslegen.

2 Die Butter in Würfel schneiden und in eine Schüssel geben. Die Zartbitterschokolade in Stücke brechen und hinzufügen. Beides über einem Wasserbad oder in der Mikrowelle bei 600 Watt schmelzen lassen. Die weiße und die Vollmilchschokolade klein hacken.

3 Die Eier und den Zucker in einer Rührschüssel mit den Rührbesen des Handrührgeräts ca. 5 Min. hellschaumig schlagen. Das Mehl und das Kakaopulver mischen und nur ganz kurz unterrühren.

4 Die abgekühlte Butter-Schoko-Mischung ebenfalls nur ganz kurz unterrühren. Die gehackte Schokolade unterheben.

5 Den Teig in die Backform geben, glatt streichen und im Ofen (Mitte) 25–30 Min. backen.

♥ Danielas Tipp: Die Brownies sind fertig, wenn man in der Mitte ein Holzstäbchen einsticht und beim Herausziehen nur noch einige feuchte Teigkrümel daran hängen. Am Rand der Backform sollte sich der gebackene Teig leicht gelöst haben, die Oberfläche sieht trocken und etwas eingebrochen aus.

»Backen finde ich eigentlich stressig, weil es immer so lang dauert. Dazu bin ich einfach zu ungeduldig. Aber diese Schokoteilchen gehen wirklich schnell. Und weil ich mich nie entscheiden kann, ob ich lieber weiße oder Vollmilchschokolade esse, kommen einfach beide in den Teig.«

Pink Milchreis

MIT HIMBEEREN

»Milchreis an sich ist ja schon der Hammer, und wenn er dann noch meine Farbe hat, kann ich mich nicht mehr zurückhalten. Das Auge isst halt mit.«

Für 4 Personen • 30 Min. Zubereitung • Pro Portion ca. 400 kcal

200 g Milchreis
750 ml Milch
2 EL Zucker
150 g Himbeeren
50 g Zartbitterschokolade

1 Reis, Milch und Zucker in einem Topf unter Rühren zum Kochen bringen. Die Hitze reduzieren und den Milchreis zugedeckt ca. 25 Min. köcheln lassen. Dabei immer wieder mal umrühren.

2 Inzwischen die Himbeeren waschen und trocken tupfen. Die Schokolade fein hacken oder mit dem Sparschäler hobeln. Ein paar Himbeeren für die Deko beiseitelegen, den Rest mit einer Gabel zerdrücken und unter den fertigen Milchreis mischen. Den Milchreis in Schälchen verteilen und mit der Schokolade und den übrigen Himbeeren bestreuen.

KNUSPRIGE

Schoko-Nuss-Teilchen

Für 30 Stück • 15 Min. Zubereitung • Pro Portion ca. 55 kcal

200 g Zartbitterschokolade
100 g Mandeln

1 Ein großes Brett oder ein Tablett, das in den Kühlschrank passt, mit Backpapier belegen.

2 Die Schokolade hacken und in einer Schüssel über einem Wasserbad schmelzen lassen (s. auch Tipp). Die Mandeln grob hacken.

3 Die Mandeln mit der Schokolade mischen und die Masse mit einem Teelöffel in kleinen Häufchen auf dem Backpapier verteilen. Die Schoko-Nuss-Teilchen im Kühlschrank fest werden lassen.

♥ Danielas Tipp: Schokolade kann man auch in der Mikrowelle schmelzen. Dafür die Schokolade in Stücke brechen, in eine geeignete Schüssel geben und bei 600 Watt 1 Min. erwärmen. Kurz stehen lassen, dann gut durchrühren. Falls nötig, ein paar weitere Sekunden in die Mikrowelle stellen.

»Obst statt Schokolade klappt, wenn es schön bunt ist. Da fällt mir dann gar nicht mehr auf, dass der Zucker fehlt.«

»Dieses Bananen-Sushi ist die weltbeste Verwertung für übrig gebliebene Pfannkuchen. Aber auch sonst sind Bananen für mich das perfekte Obst: Man kann sie gut mitnehmen, weil sie von Haus aus gut verpackt sind, sie halten lange und schmecken superlecker.«

Bananen-Sushi

MIT NUSSNUGAT

Für 6 Personen • 35 Min. Zubereitung • Pro Portion ca. 440 kcal

2 Eier (M)
250 ml Milch
2 EL Zucker
150 g Mehl
6 TL Butter
6 EL Nussnugatcreme
6 große Bananen
3 EL Honig
3 EL gehackte Haselnüsse

1 Eier, Milch, Zucker und Mehl in einer Schüssel mit dem Handrührgerät zu einem Teig verrühren.

2 In einer Pfanne bei mittlerer Hitze 1 TL Butter schmelzen lassen. Ein Sechstel des Teigs in die Pfanne gießen und darin verteilen. Den Pfannkuchen in ca. 1 Min. goldbraun backen, wenden und die andere Seite ebenfalls goldbraun backen. Den Pfannkuchen herausnehmen, auf einem Teller abkühlen lassen und auf die gleiche Weise fünf weitere Pfannkuchen backen.

3 Die Pfannkuchen mit der Nussnugatcreme bestreichen. Die Bananen schälen, jeweils auf einen Pfannkuchen legen und darin einrollen.

4 Die Rollen quer in ca. 4 cm große Stücke schneiden, mit Honig beträufeln und mit den Haselnüssen bestreuen.

♥ Danielas Tipp: Wer seine Pfannkuchen lieber klassisch mag, kann sie mit Apfelmus, Zimtzucker oder Marmelade genießen.

Meine Prinzessin

HAT GEBURTSTAG

Wenn es um Kindergeburtstage geht, sitzen wir Eltern doch alle in einem Boot. Das Wichtigste ist dabei, dass dein Kind glücklich ist. Und ich liebe die Vorbereitungen!

Happy Birthday!

Wenn Sophia Geburtstag hat, ist das auch für mich etwas Besonderes. Ich versuche immer voll entspannt zu sein – und das gelingt auch teilweise, aber meistens erst, wenn alles vorbei ist, die Kleinen happy sind und alles wieder aufgeräumt ist.

Mal ehrlich: Kindergeburtstage sind schon eine Herausforderung. Okay, Sophia hat noch nicht so viele Geburtstage gehabt. Und den ersten und zweiten haben wir auch nur mit Familie gefeiert. Da hatten wir sozusagen noch Schonfrist. Aber ab dem dritten und vor allem beim vierten Mal war es ihr ganz wichtig, dass wir auch andere Kinder einladen. Und damit ist es in Spanien, wo ich lebe, ja nicht getan. In Mallorca kommen dann nicht nur die Kinder, sondern auch die Eltern. Aus einem kleinen Gast werden also ganz schnell drei Gäste. Und die wollen alle was essen.

EINE FÜR ALLE

Als ich selbst noch klein war, gab es am Geburtstag immer Mamas Käsekuchen und einen Schokokuchen. Wenn da Schokolinsen oder Streusel drauf waren, war das das Schönste überhaupt. Als Kind siehst du ja nur, dass das Schokolade ist und dass deine Mutter das gemacht hat. Und wenn es bunt ist: umso besser. Klar muss es schmecken, aber Hauptsache bunt.

Bei uns gab es auch immer Spaghetti Bolognese für alle. Meine Mutter hat 1000 Tonnen Spaghetti gekocht und dazu noch mal genauso viel Soße. Hat jeder gegessen und die Vegetarier haben halt Butter oder Ketchup obendrauf gekriegt. Extrawürste gab es nicht. Heute muss ich fragen: Wer hat eine Laktoseintoleranz? Ist einer Vegetarier oder, noch krasser, Veganer? Wer isst gar nichts?

Um alle Supermütter dieser Welt zufriedenzustellen, mache ich dann einfach ein Blech Pizza. Die belege ich ganz unterschiedlich und dann bekommt jeder sein eigenes Eckchen – mit Käse oder ohne, mit Salami oder ohne, mit Tomatensauce oder einfach »weiß«, also Teig ohne was. Mit Fähnchen drauf sieht das fast aus wie eine Landkarte. Das gefällt den Kindern und die Mamas sind beeindruckt, wie viel Mühe ich mir gemacht habe. Inzwischen wage ich mich sogar ans Kuchenbacken, Kinder essen ja fast alles.

Mein Ein und Alles!

»Kindergeburtstag ist Action pur. Zwischendurch wird gegessen. Aber wehe, du hast nicht für jeden was. Dann geht's richtig rund.«

Für 20 Stück • 20 Min. Zubereitung • 1 Std. Kühlen • Pro Portion ca. 100 kcal

Schoko-Lollis

MIT STREUSELN

200 g Butterkekse
150 g Doppelrahmfrischkäse
2 EL Himbeerkonfitüre
100 g dunkle Kuchenglasur
reichlich bunte Zuckerstreusel
20 Lolli-Stiele

1 Die Butterkekse in einem Gefrierbeutel mit dem Nudelholz oder einem Topf zerdrücken. Die Kekskrümel in einer Schüssel mit dem Frischkäse und der Konfitüre mischen.

2 Aus der Masse mit einem Löffel kleine Portionen abnehmen und mit angefeuchteten Händen 20 Kugeln daraus rollen. Die Kugeln auf einen Teller legen und ca. 30 Min. in den Kühlschrank stellen.

3 Inzwischen die Kuchenglasur nach Packungsanweisung schmelzen lassen. Die Streusel auf einem Teller verteilen. In jede Kekskugel einen Lolli-Stiel stecken, und die Kugeln in die Kuvertüre tauchen. Kurz abtropfen lassen und die Lollis in den Streuseln wenden. Die Lollies in einem Glas mindestens 30 Min. in den Kühlschrank stellen, damit die Schokolade schön fest wird.

Für 12 Stück • 30 Min. Zubereitung • 15 Min. Backen • Pro Portion ca. 230 kcal

Rosa Cupcakes

MIT GLITZERPERLEN

FÜR DIE CUPCAKES:

120 g weiche Butter
120 g Zucker
1 Pck. Vanillezucker
2 Eier (M)
120 g Mehl
1 TL Backpulver

FÜR DIE DEKO:

200 g Doppelrahmfrischkäse
4 EL Puderzucker
rote Lebensmittelfarbe
ganz viele Glitzerperlen

AUSSERDEM:

12er-Muffinform
12 Muffin-Papierförmchen

1 Für die Cupcakes den Backofen auf 180° vorheizen. Die Mulden der Muffinform mit Papierförmchen auslegen.

2 Butter, Zucker und Vanillezucker mit den Rührbesen des Handrührgeräts cremig verrühren. Die Eier nacheinander unterrühren. Das Mehl mit dem Backpulver mischen und rasch unter die Butter-Ei-Masse rühren.

3 Den Teig in die Muffinförmchen verteilen und im Ofen (Mitte) in ca. 15 Min. goldbraun backen. Dann die Cupcakes aus den Mulden heben und auf einem Kuchengitter abkühlen lassen.

4 Für die Deko den Frischkäse mit Puderzucker und ein wenig Lebensmittelfarbe verrühren. Das Topping auf die Cupcakes streichen und mit Glitzerperlen bestreuen.

SUPERSCHNELLE

Geburtstagstörtchen

»Wer sagt eigentlich, dass es am Geburtstag immer eine Torte für alle geben muss? Genauso gut kann es doch für jeden Gast ein eigenes Törtchen geben. Für die hier muss man nicht mal Teig rühren. Entspannter kann »Backen« nicht sein.«

Für 2 Törtchen • 5 Min. Zubereitung •
Pro Portion ca. 225 kcal

FÜR DIE TÖRTCHEN:

6 runde Butterkekse
4 TL Konfitüre
40 g Zartbitterschokolade
2 TL bunte Zuckerstreusel

AUSSERDEM:

2 Mini-Kerzen

1 Vier Kekse mit Konfitüre bestreichen und jeweils zwei mit den bestrichenen Seiten nach oben aufeinandersetzen. Die übrigen Kekse jeweils als Abschluss darauflegen.

2 Die Schokolade hacken und in einem mikrowellengeeigneten Schälchen in der Mikrowelle bei 600 Watt in ca. 20 Sek. schmelzen lassen.

3 Die Schokolade auf die oberen Kekse streichen. Die Streusel daraufstreuen und die Kerzen in die Mitte setzen. Die Schokolade fest werden lassen, bis die Kerzen sicher stehen – fertig!

Marshmallow-Löffel

FÜR HOT CHOCOLATE

Für 8 Stück • 10 Min. Zubereitung • 2 Std. Kühlen • Pro Portion ca. 160 kcal

200 g Vollmilchschokolade
6 TL Mini-Marshmallows
2 TL bunte Zuckerstreusel

AUSSERDEM:
Silikon-Eiswürfelform
8 Löffel (aus Holz oder Plastik)

1 Die Schokolade hacken und in einer geeigneten Schüssel in der Mikrowelle bei 600 Watt in 1 Min. schmelzen lassen. Kurz stehen lassen und gut durchrühren. Falls nötig, ein paar weitere Sekunden in der Mikrowelle erwärmen.

2 Die Schokolade in die Eiswürfelform gießen. Marshmallows und Streusel darauf verteilen und jeweils 1 Löffel mittig hineinstecken.

3 Die Marshmallow-Löffel im Tiefkühlfach in ca. 2 Std. fest werden lassen.

♥ Danielas Tipp: Man kann die Marshmallow-Löffel einfach abknabbern oder, noch viiiiel besser, in heißer Milch langsam schmelzen lassen – das gibt heißen Kakao mit schwimmenden Marshmallow-Inseln.

Für 24 Stück • 1 Std. Zubereitung • 15 Min. Kochen • 1 Std. Kühlen • Pro Stück ca. 130 kcal

BUNTE Kekssschnecken

- 225 g weiche Butter
- 100 g Zucker
- 1 Pck. Vanillezucker
- 2 EL Puderzucker
- Salz
- 1 Ei (M)
- 250 g Mehl
- 5 Lebensmittelfarben (rot, gelb, grün, blau, lila)

1 Die Butter in einer Schüssel mit den Rührbesen des Handrührgeräts cremig schlagen. Zucker, Vanillezucker, Puderzucker und 1 Prise Salz dazugeben und weiterrühren, bis die Masse hellcremig ist. Das Ei gründlich unterschlagen. Dann das Mehl rasch unterrühren.

2 Den Teig in sechs Portionen teilen, wobei eine Portion größer sein sollte als die übrigen.

3 Die fünf kleineren Portionen jeweils mit einer Lebensmittelfarbe verkneten. Alle sechs Teigportionen zu Kugeln rollen und in Frischhaltefolie gewickelt ca. 1 Std. kalt stellen.

4 Den Backofen auf 175° vorheizen. Ein Backblech mit Backpapier belegen. Alle bunten Teige ca. 5 mm dick zu etwa gleich großen Teigrechtecken ausrollen (das muss nicht perfekt sein). Den ungefärbten Teig ein bisschen größer ausrollen und die bunten Teige übereinander darauflegen.

5 Den Teigstapel von der Längsseite aus aufrollen. Die Rolle quer in ca. 5 mm dicke Scheiben schneiden. Die Kreise auf dem Backblech verteilen und im Ofen (Mitte) 12–15 Min. backen. Die Keksschnecken auf einem Kuchengitter abkühlen lassen.

♥ Danielas Tipp: Je nach Hersteller sind Lebensmittelfarben mehr oder weniger farbintensiv. Ich taste mich an meine Wunschfarbe heran, indem ich erstmal nur eine kleine Menge unter den Teig knete und dann, wenn nötig, noch ein wenig nachfärbe.

»Ich finde, am Kindergeburtstag gilt: je bunter, desto toller. Das fängt bei den Keksen an und hört mit der Deko auf. Für die hat man übrigens genug Zeit, während der Teig im Kühlschrank liegt. Also nur keinen Stress! Lieber noch ein bisschen Glitzer auf dem Tisch verstreuen.«

»Okay, an meinem Geburtstag gab es früher auch schon Schokokuchen mit Smarties. Aber für so einen Regenbogen-Kuchen hätte ich wahrscheinlich alles getan. Wenn ich heute sehe, wie Sophia sich über den freut … Nur besser sind die Blicke der anderen Mütter.«

Regenbogen-Torte

MIT MARSHMALLOWS

Für 12 Portionen • 30 Min. Zubereitung • Pro Portion ca. 420 kcal

1 Rührteig-Tortenboden (300 g; Fertigprodukt)
2 EL Konfitüre
600 g Doppelrahmfrischkäse
6 EL Puderzucker
Milch (nach Belieben)
blaue Lebensmittelfarbe
300 g Smarties
3 Handvoll Mini-Marshmallows
7 Mini-Kerzen

1 Den Rührteigboden mit der Konfitüre bestreichen und in der Mitte durchschneiden. Die beiden Hälften mit den bestrichenen Seiten aufeinanderlegen, sodass ein Halbkreis entsteht.

2 Frischkäse und Puderzucker zu einer streichbaren Creme verrühren, dabei, falls nötig, etwas Milch hinzufügen. So viel Lebensmittelfarbe einarbeiten, bis der gewünschte Himmelfarbton erreicht ist.

3 Den Kuchenhalbkreis auf die Schnittkante stellen und rundherum mit der Frischkäsecreme einstreichen.

4 Die Smarties in farblich getrennten Bögen in die Creme drücken. Die Marshmallows am unteren Kuchenrand als Wolken verteilen und die Kerzen oben in die Rundung stecken.

Katze

KOCHT FÜR KÄTZCHEN

Ob gesundes Essen sein muss? Nee, muss es nicht immer, kann aber. Ich versuche einfach, das Ganze nicht so verkrampft anzugehen. Und Sophia schmeckt's.

Eine Frage der Balance

Sobald man schwanger ist, nimmt man sich ja so einiges vor, was die Ernährung des Kleinen betrifft. Man will dann alles richtig machen, immer Bio, alles Vollkorn, keinen Zucker und, und, und. Aber das tägliche Leben sieht anders aus, da musst du Kompromisse machen. Trotzdem schau ich natürlich, dass Sophia nicht zu viel Süßes oder Fertigzeugs isst. Aber das würde sie auch gar nicht. Brokkoli zum Beispiel liebt sie über alles. Nur mit ein bisschen Butter. Ich kann mir nicht erklären, warum. »Das sind grüne Blumen«, sagt sie. Und ich sage dann: »Ja, Elfenblumen.«

Ich bin ja auch kein schlechtes Vorbild. Ich esse zum Beispiel wenig Fastfood – und Pizza nur, wenn ich wirklich Bock drauf habe. Dann muss das auch sein. Manchmal trickse ich aber und sage, dass das, was da gerade auf dem Teller liegt, Prinzessinnenessen ist. Denn alles, was Prinzessinnen machen, macht Sophia auch gern. Ich erzähle ihr, dass man davon so schöne Haare bekommt wie eine Prinzessin oder so tolle Fingernägel ... Und schon wird gefuttert, als ob es kein Morgen gäbe.

Teamwork!

Wie jedes Kind mag Sophia natürlich auch Süßes. Ich sag nur Nussnugatcreme. Aber das Tolle ist ja, dass du, wenn du selbst kochst, bestimmen kannst, wie süß etwas ist. Du kannst einfach weniger Zucker reintun. Da gewöhnt man sich echt dran.

FLEISSIGES HELFERLEIN
Ich habe als Kind oft in der Küche geholfen und genauso mache ich es heute mit Sophia. Man hat einfach ein ganz anderes Verhältnis zum Essen, wenn man es selbst gemacht hat. Sophia darf zum Beispiel mit ihrem stumpfen Messer Tomaten, Erdbeeren und Wassermelone schneiden. Alles was rot ist, findet sie sowieso toll.

Sie liebt es auch, Pfannkuchen zu machen. Ich muss sie dann auf die Arbeitsfläche setzen. »So, Schatz«, sag ich, »jetzt machst du da mal einen Esslöffel Mehl rein«. Und das macht sie dann und probiert natürlich auch, wie das schmeckt. Im Gegenzug kocht Sophia für mich im Kinderzimmer am Puppenherd. Dann gibt es Knete mit Glitzersteinen. Wie bei einer echten Prinzessin eben.

»Was ich echt schlimm finde? Wenn man seinem Kind nichts erlaubt und sich dann selbst die Schokolade reinhaut.«

Für 2 Personen • 20 Min. Zubereitung • Pro Portion ca. 780 kcal

Spirelli

MIT ERBSEN UND SCHINKEN

2 TL Instant-Gemüsebrühe
200 g Spirelli-Nudeln
200 g TK-Erbsen
4 Scheiben Kochschinken
½ Bund Schnittlauch
4 EL Kräuter-Doppelrahm-frischkäse
Salz
100 g geriebener Mozzarella

1 In einem Topf reichlich Wasser und die Brühe zum Kochen bringen. Die Nudeln darin nach Packungsanweisung gar kochen, dabei 1 Min. vor Kochzeitende die Erbsen hinzufügen.

2 Den Kochschinken in Würfel schneiden. Den Schnittlauch waschen, trocken schütteln und in Röllchen schneiden.

3 Nudeln und Erbsen in ein Sieb abgießen, dabei etwas Kochwasser auffangen. Beides wieder in den Topf geben. Den Schinken und den Frischkäse unter die Nudeln mischen und so viel Kochwasser hinzufügen, dass eine cremige Sauce entsteht. Mit Salz abschmecken.

4 Den Mozzarella in die Sauce geben und einrühren. Die Spirelli auf Teller füllen und mit dem Schnittlauch bestreut servieren.

»Nudeln gehen bei Sophia immer. Und Erbsen sowieso. Sie ist eben eine echte Prinzessin. Das wirklich Besondere an diesem Rezept ist, dass die Nudeln in Brühe kochen statt in Salzwasser. Dadurch bekommt das Ganze richtig viel Geschmack, ohne dass man viele Gewürze braucht.«

Gemüse-Ei-Küchlein

MIT KÄSE

♥ Danielas Tipp: In den Küchlein ist schon alles drin, was man braucht. Ein frischer bunter Salat schmeckt sehr gut dazu.

Für 6 Stück • 15 Min. Zubereitung • 30 Min. Backen • Pro Stück ca. 145 kcal

FÜR DIE KÜCHLEIN:

2 kleine Paprika (gelb und rot)
100 g Champignons
5 Eier (M)
200 ml Milch
Salz, Pfeffer
60 g geriebener Käse

AUSSERDEM:

6er-Muffinform
Olivenöl für die Form

1 Den Backofen auf 180° vorheizen. Die Muffinmulden mit Olivenöl einfetten.

2 Für die Küchlein die Paprika waschen, halbieren, weiße Trennwände und Kerne entfernen. Die Hälften in kleine Würfel schneiden und in die Muffinmulden verteilen. Die Pilze putzen, trocken abreiben, in Scheiben schneiden und ebenfalls in die Mulden geben.

3 Die Eier mit der Milch, Salz und Pfeffer verquirlen. Den Käse untermischen. Die Mischung in die Mulden verteilen (sie sollten höchstens bis ca. 1 cm unter den Rand gefüllt sein). Die Küchlein im Ofen (Mitte) in 20–30 Min. goldbraun backen. Warm oder kalt genießen.

Sophias Leibspeise

MIT BROKKOLI

Für 4 Personen • 15 Min. Zubereitung • 30 Min. Backen • Pro Portion ca. 560 kcal

1 großer Brokkoli
2 Dosen Thunfisch (im eigenen Saft)
220 g Langkornreis Express (ersatzweise gegarter Reis)
200 g Sahne
200 ml Gemüsebrühe
100 g geriebener Käse

1 Den Backofen auf 200° vorheizen. Den Brokkoli putzen, waschen, vom Strunk schneiden und in kleine Röschen teilen. Den Thunfisch abtropfen lassen und zerzupfen. Brokkoli, Thunfisch und Reis in einer ofenfesten Form (ca. 20 × 20 cm) mischen.

2 Die Sahne mit der Brühe und dem Käse verrühren. Die Mischung über die Zutaten in der Form gießen. Den Auflauf im Ofen (Mitte) in 25–30 Min. goldbraun backen.

»Dass Sophia Brokkoli über alles liebt, habe ich ja schon verraten. Thunfisch mag sie mindestens genauso gern. Und wenn alles noch mit Käse knusprig überbacken wird, ist die Sache auf jeden Fall gegessen.«

Für 4 Personen • 40 Min. Zubereitung • Pro Portion ca. 1 025 kcal

Rahmgeschnetzeltes

MIT KARTOFFELBREI

FÜR DEN BREI:

1 kg mehlig kochende Kartoffeln
Salz
250 g Sahne
4 EL weiche Butter

FÜR DAS GESCHNETZELTE:

800 g Schweineschnitzel
2 Zwiebeln
500 g Champignons
4 EL Butter
Salz
3 gestr. EL Mehl
800 ml Rinderbrühe
200 g Sahne
1 Spritzer Zitronensaft
Pfeffer

1 Für den Brei die Kartoffeln schälen, waschen, in große Stücke schneiden und in gesalzenem Wasser in ca. 20 Min. weich kochen.

2 Inzwischen für das Geschnetzelte die Schnitzel in ca. 1 cm dicke Streifen schneiden. Die Zwiebel schälen und fein würfeln. Die Pilze putzen, trocken abreiben und in dünne Scheiben schneiden.

3 In einer Pfanne die Butter erhitzen und die Zwiebel darin andünsten. Das Fleisch hinzufügen, salzen und unter gelegentlichem Rühren goldbraun braten.

4 Das Fleisch mit dem Mehl bestäuben und mischen. Brühe, Sahne und Zitronensaft angießen und die Sauce in ca. 10 Min. sämig einköcheln lassen. Mit Salz und Pfeffer würzen.

5 Die Kartoffeln abgießen, Sahne und Butter dazugeben und alles mit dem Kartoffelstampfer fein zerdrücken und mischen. Das Rahmgeschnetzelte mit dem Kartoffelbrei servieren.

FRUCHTIGER

Fuchs auf Toast

Für 2 Personen • 5 Min. Zubereitung • Pro Portion ca. 150 kcal

2 Scheiben Toastbrot
2 EL Doppelrahmfrischkäse
2 TL rote Konfitüre
2 Erdbeeren
6 Heidelbeeren
4 Scheiben Banane

1 Die Toasts rösten und etwas abkühlen lassen. Dann mit dem Frischkäse bestreichen. Von einer Längsseite aus die Konfitüre zu einem Dreieck verstreichen, das über die Hälfte der Brote reicht.

2 Die Erdbeeren waschen, putzen, halbieren und jeweils neben dem Dreieck als Ohren andrücken. Die Bananenscheiben als Augen auflegen.

3 Die Heidelbeeren waschen, je 2 davon als Pupillen auf die Bananen setzen, die übrigen Beeren unten mittig als Nase andrücken.

♥ Danielas Tipp: Natürlich könnt ihr die Zutaten hier dem Geschmack der Kids anpassen: statt Marmelade Erdnussbutter, statt Frischkäse Nussnugatcreme usw.

Obstschloss

MIT BANANEN

Für 1 Person • 10 Min. Zubereitung •
Pro Portion ca. 215 kcal

1 Kiwi
3 Erdbeeren
2 kleine Bananen
¼ Apfel

1 Die Kiwi schälen und in kleine Würfel schneiden. Die Erdbeeren waschen, putzen und halbieren. Die Bananen schälen, in elf verschieden lange Stücke schneiden und diese längs halbieren.

2 Das Kerngehäuse des Apfels entfernen und das Viertel in ca. 1 cm dicke Scheiben schneiden. Aus den Scheiben neun kleine Rechtecke, ein Mini-Dreieck als Fahne und einen kurzen Stift als Fahnenmast schneiden.

3 Die Bananen auf einem Teller zu einem schlossartigen Gebäude mit Türmen auslegen. Die Erdbeeren als Abschlüsse auf die Türme und als Eingangstor daraufsetzen.

4 Die Apfelstücke als Fenster platzieren. Die Kiwi als Rasen unterhalb des Schlosses verstreuen.

»Meine Kleine mag alles, was hübsch aussieht. Deswegen überwinde ich für sie sogar meine Schnippelphobie. Das ist überhaupt der beste Trick, damit Kinder mehr Obst essen: einfach in Häppchen schneiden und als bunten Teller dekorieren.«

Katze

KOCHT FÜR KATER

Meistens gehen Lucas und ich essen, wenn wir mal einen Abend für uns haben. Aber ab und zu bleiben wir auch zu Hause, machen es uns kuschelig und ich koche uns was Schönes.

Dinner für zwei

Wenn es um ein romantisches Abendessen geht, haben ganz viele Menschen gleich so Susi-und-Strolch-Bilder im Kopf: zwei Verliebte mit Dackelblick, eine Riesenschale Spaghetti und dann Knutschen mit einer Nudel im Mund ... Im Prinzip wäre es also ganz einfach. Es gibt da nur ein Problem: Nudeln machen mich abends echt müde. Da langt schon eine Portion und ich muss mich direkt auf die Couch legen. Das ist natürlich nicht ganz so romantisch. Wofür habe ich mich dann stundenlang aufgebrezelt? Aber ich habe einen guten Trick.

Also, wenn schon Nudeln, dann welche aus Zucchini. Es gibt da so ein spezielles Gerät, da kommt die Zucchini oben rein – und zack, zack, zack kommen unten die Nudeln raus. Dazu mach ich dann Mamas Bolognese. Noch ein bisschen Parmesan drüber, und mein Mann ist begeistert.

LEICHT WIE DIE LIEBE

Damit danach noch was geht, mach ich also immer was Leichtes. Am liebsten irgendwas aus dem Ofen. Das dauert nicht lang und ich kann schon mal ein bisschen verführerisch mit dem Bobbes wackeln, wenn ich es aus dem Herd heraushole. Gebackener Schafskäse ist zum Beispiel so ein Klassiker von mir. Der ist so idiotensicher, dass man dafür eigentlich nicht mal ein Rezept braucht. Ich würze einfach ein Stück Feta mit Paprika, Salz und Pfeffer, lege noch ein paar Tomatenscheiben drauf und packe das Ganze in Alufolie. Ab damit in den Backofen! Damit krieg ich jeden Griechen gebändigt.

Der beste Mann!

Mein allerliebstes Date-Dinner ist Wassermelone mit Feta und ein bisschen Rucola. Obwohl ich kaltes Essen ja eigentlich nicht so romantisch finde. Aber dieser »Salat« ist eine Ausnahme. Auch weil mein Schwiegervater Costa das so sehr geliebt hat – und Lucas ist mindestens genauso versessen darauf. Muss also irgendwie so ein Cordalis-Ding sein. Aber es ist auch wirklich ein tolles Rezept. Und es wird mich immer an Costa erinnern.

»Lucas und ich sind eigentlich nicht so die großen Romantiker, aber ab und an ist so ein Candlelight-Dinner echt schön.«

Für 2 Personen • 20 Min. Zubereitung • Pro Portion ca. 460 kcal

Bauernsalat

MIT EXTRA-FETA FÜR LUCAS

250 g Tomaten
1 kleine rote Zwiebel
1 kleine gelbe Paprika
1 kleine grüne Paprika
½ Salatgurke
50 g schwarze Oliven (entsteint)
120 g Schafskäse (Feta)
3 EL Olivenöl
2 EL Zitronensaft
½ TL getrockneter Oregano
Salz
Pfeffer

1 Die Tomaten waschen, halbieren und dabei den Stielansatz entfernen, die Hälften in kleine Stücke schneiden. Die Zwiebel schälen und in feine Ringe schneiden.

2 Die Paprika waschen, halbieren, weiße Trennwände und Kerne entfernen und die Hälften in dünne Streifen schneiden. Die Gurke putzen, waschen, längs vierteln und quer in Scheiben schneiden.

3 Das Gemüse und die Oliven in einer Schüssel mischen. Den Feta in Würfel schneiden und darüber verteilen.

4 Olivenöl, Zitronensaft, Oregano, Salz und Pfeffer verrühren. Das Dressing über den Salat träufeln und alles mit Pfeffer bestreuen.

»Lucas liebt Feta. Er könnte sich wahrscheinlich wochenlang ausschließlich von Schafskäse ernähren. Manchmal glaube ich echt, der liebt den noch mehr als mich. Aber weil ich Lucas liebe, serviere ich ihm echt gern eine Extraportion davon.«

Für 2 Personen • 25 Min. Zubereitung • 1 Std. Garen • Pro Portion ca. 705 kcal

Gefüllte Paprika

MIT REIS

- 1 rote Paprika
- 1 gelbe Paprika
- 1 Scheibe Weißbrot
- 1 große Zwiebel
- 2 Knoblauchzehen
- 200 g gemischtes Hackfleisch
- 1 Ei (M)
- 2 TL edelsüßes Paprikapulver
- Salz
- Pfeffer
- 1 EL Öl
- 2 EL Tomatenmark
- 300 ml Gemüsebrühe
- 125 g Langkornreis

1 Den Backofen auf 200° vorheizen. Die Paprika waschen und oben einen dünnen Deckel abschneiden. Die weißen Trennwände und die Kerne mit einem Löffel entfernen. Die Deckel vom Stielansatz befreien und in kleine Würfel schneiden. Das Brot zerzupfen und in kaltem Wasser einweichen.

2 Die Zwiebel und den Knoblauch schälen und fein würfeln. Die Hälfte der Würfel mit dem Hackfleisch, Ei, 1 TL Paprikapulver und den Paprikawürfeln in eine Schüssel geben. Das Brot ausdrücken und hinzufügen. Alles gut durchkneten und mit Salz und Pfeffer würzen. Die Hackfleischmischung in die Paprika füllen.

3 Das Öl in einer Pfanne erhitzen und die übrigen Zwiebel- und Knoblauchwürfel darin anbraten. Das Tomatenmark hinzufügen, kurz mitdünsten und die Brühe angießen. Mit dem Schneebesen verrühren und mit dem restlichen Paprikapulver (1 TL), Salz und Pfeffer würzen.

4 Die Tomatensauce in eine ofenfeste Form (ca. 20 × 20 cm) gießen und die Paprika hineinstellen. Die Paprika im Ofen (Mitte) 45–60 Min. garen. In der Zwischenzeit den Reis mit etwas Salz nach Packungsanweisung kochen, abgießen und zu den Paprika servieren.

♥ Danielas Tipp: Es müssen nicht immer Paprika sein. Auch anderes Gemüse, etwa Zucchini oder Tomaten, kann man mit der Hackmischung füllen. Und wer noch ein Stückchen Feta im Kühlschrank hat, kann das vor dem Backen über die Füllung krümeln.

»Viel lieber als Schnippeln mag ich Füllen. Das erinnert mich irgendwie ans Kofferpacken und darin bin ich schließlich Profi. Außerdem finde ich es schön, wenn man etwas Gefülltes auf dem Teller hat. Das hat doch immer ein bisschen was von einem Überraschungsei!«

Melonen-Feta-Salat

MIT RUCOLA

Für 4 Personen • 15 Min. Zubereitung • Pro Portion ca. 315 kcal

1 kg Wassermelone
250 g Schafskäse (Feta)
200 g Rucola
2 EL Olivenöl
Salz
Pfeffer
2 EL Pinienkerne

1 Die Melonenschale und die Kerne entfernen und das Fruchtfleisch in mundgerechte Würfel schneiden. Den Feta zerbröckeln. Den Rucola verlesen, waschen, trocken schütteln und grob zerzupfen, dabei grobe Stiele entfernen.

2 Melone, Feta und Rucola in einer Schüssel mit dem Öl mischen, mit Salz und Pfeffer würzen.

3 Die Pinienkerne in einer Pfanne ohne Fett goldbraun rösten und über dem Salat verteilen.

»Wenn mir früher jemand gesagt hätte, dass nichts so gut zusammenpasst wie Wassermelone und Schafskäse, hätte ich ihn wahrscheinlich ausgelacht. Heute schleppen wir kiloweise Wassermelonen aus dem Supermarkt.«

Paella für Zwei

IN 30 MINUTEN

Für 2 Personen • 15 Min. Zubereitung • 15 Min. Kochen • Pro Portion ca. 620 kcal

1 Chorizo (ca. 100 g)
1 Zwiebel
1 EL Olivenöl
150 g Risotto-Reis
1 TL geräuchertes Paprikapulver
650 ml Hühnerbrühe
100 g gegrillte Paprika (aus dem Glas)
150 g Garnelen (küchenfertig; nach Belieben mit Schwanzfächer)
Salz
Pfeffer

1 Die Chorizo häuten und in Scheiben schneiden. Die Zwiebel schälen und fein würfeln.

2 Das Öl in einer Pfanne erhitzen, Chorizo und Zwiebel darin ca. 5 Min. andünsten.

3 Den Reis und das Paprikapulver hinzufügen und die Brühe angießen. Aufkochen lassen, dann die Hitze reduzieren und den Reis zugedeckt in 12–15 Min. gar köcheln.

4 Die Paprika kurz abtropfen lassen. Paprika und Garnelen dazugeben und ca. 3 Min. mitköcheln lassen. Die Paella mit Salz und Pfeffer abschmecken.

♥ Danielas Tipp: Chorizo gibt der Paella die typische mediterrane Würze. Nach Belieben kann man statt Garnelen auch Fischfilet oder Hähnchenbrust verwenden.

Für 2 Personen • 15 Min. Zubereitung • 30 Min. Backen • Pro Portion ca. 405 kcal

Ofengemüse

ITALIENISCH GEPIMPT

200 g Champignons
200 g Kirschtomaten
2 kleine Zucchini
2 Knoblauchzehen
2 EL Aceto balsamico
3 EL Olivenöl
1 TL getrocknete ital. Kräuter
Salz
400 g Baby-Kartoffeln
25 g Parmesan
Chiliflocken

1 Den Backofen auf 220° vorheizen. Die Pilze putzen, trocken abreiben und halbieren. Die Tomaten waschen. Die Zucchini putzen, waschen und in dicke Scheiben schneiden. Den Knoblauch schälen und durch die Presse drücken.

2 Das Gemüse in einer Schüssel mit Essig, Öl, Knoblauch, Kräutern sowie Salz mischen und marinieren lassen.

3 Die Kartoffeln waschen, trocken tupfen, auf einem Backblech verteilen und im Ofen (Mitte) 10 Min. backen. Dann das Gemüse mit der Marinade zwischen den Kartoffeln verteilen und alles in weiteren 20 Min. hellbraun backen.

4 Den Parmesan fein reiben. Das Ofengemüse mit Parmesan und Chiliflocken bestreut servieren.

Für 4 Personen • 25 Min. Zubereitung • 1 Std. Kochen • Pro Portion ca. 390 kcal

Bolognese

VON MAMA INSPIRIERT

- 1 Zwiebel
- 2 Knoblauchzehen
- 1 Möhre
- 2 Stangen Staudensellerie
- 2 EL Olivenöl
- 500 g Rinderhackfleisch
- 2 EL Tomatenmark
- 150 ml Rotwein (ersatzweise Wasser)
- 1 Dose stückige Tomaten (400 g)
- 1 TL getrockneter Oregano
- 2 Lorbeerblätter
- 1 Würfel Instant-Rinderbrühe
- Salz
- Pfeffer
- 1 Bund Basilikum

1 Zwiebel und Knoblauch schälen und fein würfeln. Die Möhre schälen und in Würfel schneiden. Den Sellerie putzen, waschen und ebenfalls in kleine Würfel schneiden. Das Öl in einer Pfanne erhitzen und das Gemüse darin ca. 5 Min. andünsten.

2 Das Hackfleisch hinzufügen und unter gelegentlichem Rühren mitbraten. Das Tomatenmark kurz mitdünsten, mit Wein ablöschen und die Flüssigkeit einkochen lassen. Tomaten, Oregano, Lorbeerblätter, Brühwürfel sowie 250 ml Wasser hinzufügen und alles aufkochen lassen. Die Hitze reduzieren und die Bolognese zugedeckt ca. 1 Std. köcheln lassen.

3 Die Bolognese mit Salz und Pfeffer abschmecken. Das Basilikum waschen, trocken schütteln, die Blätter abzupfen und grob zerzupft über die Sauce streuen.

»Diese Bolo dauert ewig – sie ist's aber garantiert wert! Dazu mache ich gern schnelle Zucchini-Spaghetti: 2 Zucchini mit dem Spiralschneider in Spaghetti schneiden, 2 Min. in Salzwasser kochen – fertig.«

»Mein Date-Night-Menü lässt sich super vorbereiten. Dadurch bleibt nachher mehr Zeit zu zweit – und vorher kann ich mich noch hübsch machen.«

»Ich kenne keinen Mann, der nicht auf Fleisch steht. Mit einem guten Steak eroberst du jedes Männerherz. Spätestens, wenn am Tisch das Kräuterbutter-Herz darauf schmilzt, schmilzt seins mit und alles ist in Butter. Der beste Start für einen Abend zu zweit.«

Gegrillte Steaks

MIT KRÄUTER-HERZ

Für 2 Personen • 25 Min. Zubereitung • 1 Std. Kühlen • Pro Portion ca. 670 kcal

FÜR DIE STEAKS:
½ Bund Schnittlauch
½ Bund Petersilie
1 Bio-Zitrone
100 g weiche Butter
Salz
Pfeffer
2 Rindersteaks (ca. 200 g; 1 ½ cm dick)
1 EL Öl

AUSSERDEM:
2 Herz-Ausstecher (ca. 8 cm Ø)

1 Die Kräuter waschen und trocken schütteln. Den Schnittlauch in feine Röllchen schneiden. Die Blätter der Petersilie abzupfen und klein schneiden. Die Zitrone heiß waschen und trocken reiben, die Schale fein abreiben.

2 Kräuter und Zitronenschale in einer Schüssel mit der Butter, Salz und Pfeffer vermengen. Ein Brett mit Backpapier belegen und die Herz-Ausstecher daraufsetzen. Die Kräuterbutter in die Herzen verteilen, andrücken und die Oberfläche glatt streichen. Die Kräuter-Herzen im Kühlschrank in ca. 1 Std. fest werden lassen.

3 Die Steaks ca. 15 Min. vor der Zubereitung aus dem Kühlschrank nehmen. Den Grill oder eine Grillpfanne erhitzen. Das Fleisch auf beiden Seiten mit Öl bestreichen, mit Salz und Pfeffer würzen.

4 Die Steaks auf jeder Seite in ca. 3 Min. (medium) grillen. Auf Teller geben und die Kräuter-Herzen darauflegen. Dazu passt Baguette.

Tomate-Mozzarella-Türmchen

ALS VORSPEISE

»Ich liebe Tomate und Mozzarella, da könnte ich mich reinsetzen. Und wenn das so lauwarm ist und der Mozzarella leicht verläuft – hmmh!«

Für 2 Personen • 20 Min. Zubereitung • Pro Portion ca. 440 kcal

2 Fleischtomaten
1 Kugel Mozzarella (ca. 125 g)
2 EL Olivenöl
1 EL Aceto balsamico
Salz
Pfeffer
1 Stängel Basilikum
½ Baguette

1 Den Backofen auf 200° vorheizen. Ein Backblech mit Backpapier belegen. Die Tomaten waschen und quer in dicke Scheiben schneiden, dabei die Stielansätze entfernen. Die Scheiben auf dem Backblech verteilen und im Ofen (Mitte) 10 Min. backen.

2 In der Zwischenzeit den Mozzarella in Scheiben schneiden. Olivenöl, Essig, Salz und Pfeffer zu einem Dressing verrühren. Das Basilikum waschen, trocken schütteln und die Blätter abzupfen. Das Baguette in Scheiben schneiden.

3 Tomaten und Mozzarella auf zwei Tellern abwechselnd aufeinanderstapeln. Das Dressing darüberträufeln. Die Türmchen mit Basilikumblättern bestreuen und mit dem Baguette servieren.

Himbeer-Schokokuss

ALS NACHTISCH

Für 2 Personen • 10 Min. Zubereitung •
Pro Portion ca. 355 kcal

125 g Magerquark (ersatzweise Skyr)
1 Pck. Vanillezucker
1 Bio-Zitrone
4 Schokoküsse
125 g frische Himbeeren (ersatzweise TK)
1 EL Ahornsirup (ersatzweise Honig)

1 Den Quark mit dem Vanillezucker in einer Schüssel verrühren. Die Zitrone heiß waschen und trocken reiben, die Schale abreiben und unter den Quark rühren.

2 Die Waffeln (Böden) von den Schokoküssen trennen und beiseitelegen. Die Schokoküsse unter die Quark-Mischung heben. Die Himbeeren waschen und trocken tupfen, mit einer Gabel zerdrücken und den Ahornsirup untermischen.

3 Die Himbeeren in zwei Gläser füllen und die Schokokuss-Quark-Creme darauf verteilen. Die Waffeln grob hacken und darüberstreuen. Das Dessert bis zum Servieren kühl stellen.

♥ Danielas Tipp: Damit das Dessert schön locker bleibt, hebe ich die Schokokussfüllung ganz vorsichtig unter den Quark. Am besten geht das mit dem Teigschaber oder einem großen Löffel.

Weihnachten

IST, WENN MAMA KOCHT

Schon als Kind war Weihnachten für mich das Größte. Ich liebe Weihnachtsgebäck, Weihnachtsmärkte, Weihnachtsdeko und Glühwein … Und seit ich Mama bin, ist es noch schöner geworden.

Das gibt's nur einmal

Wenn wir Weihnachten bei Mama Iris sind, gibt es immer Truthahn mit Knödeln und Rotkraut. Und danach Mamas Käsekuchen. Lucas ist der Knödelbeauftragte, ich darf ihm aber helfen, genauso wie beim Rotkraut. Nur den Truthahn füllt Mama Iris allein. Ich käme mir dabei vor, als würde ich eine Kuh untersuchen – weil meine Mutter immer Truthähne kauft, die über zehn Kilo wiegen. Aber meiner Mutter graut es vor gar nichts. Die denkt auch nicht darüber nach, sondern macht es einfach.

Früher waren wir an Weihnachten mit Familie und Freunden fast 30 Leute. Und meine Mutter hat in der Küche so Gas gegeben, dass man gedacht hat, die reißt das Haus ein. Das ist auf Mallorca natürlich nicht mehr so, da machen wir nur in Familie. Aber meine Mama kocht immer noch für 30. Und wir essen das dann drei Tage. Für mich gibt es nichts Besseres als dieses Resteessen. Wenn man sich so viel Arbeit macht, muss man auch lange was davon haben.

Bis heute muss Weihnachten für mich genau so sein. Das Wichtigste sind die drei »f« – fressen, fressen, fressen. Und dazu noch fernsehen. Mit dem »letzten Einhorn« oder »Kevin allein zu Haus«, Buttergebäck und fünf Stück Käsekuchen. Es muss einen erschlagen, sonst ist es kein Weihnachten.

Hoch hinaus!

AN DIE PLÄTZCHEN, FUTTERN, LOS!
Was auch unbedingt zu Weihnachten gehört ist Buttergebäck. Mindestens drei Kilo. Auch da ist meine Mama Meisterin drin. Sie macht aber nicht so dünne Plätzchen wie normale Menschen. Nee, die sind so richtig schön dick. Die sind perfekt!

Ich kann mich erinnern, dass mein Bruder und ich früher beim Plätzchenbacken immer Herzchen und Sternchen ausstechen wollten. Mit zwölf hat er dann ein »Brüste«-Plätzchen geformt. Fand meine Mama nicht so witzig. Wenn ich heute mit Sophia backe, will sie immer Kekse in Puppenform oder sie packt in Plätzchen Glitzersteine. Ich muss also immer noch mal schauen, bevor ich das Blech in den Ofen schiebe. Hätte Lucas mir bei seinem Antrag den Ring in einem Plätzchen versteckt, ich hätte den aus dem Klo fischen müssen, weil ich ihn einfach mitgefuttert hätte.

»Als ich klein war, haben wir den Baum mit Popcornketten geschmückt. Heute ist natürlich alles voller Glitzer und Lametta.«

Für 10 Personen • 45 Min. Zubereitung • 5 Std. Braten • Pro Portion ca. 1 275 kcal

Truthahn

MIT ROTKRAUT

FÜR DEN TRUTHAHN:

1 Truthahn (ca. 10 kg)
Salz, Pfeffer
4 EL Öl
1 EL Currypulver
1 EL Paprikapulver
1 EL Knoblauchpulver

FÜR DAS ROTKRAUT:

1 großer Rotkohl
1 große Zwiebel
300 g durchwachsener Speck
2 Äpfel
5 EL Öl
10 Lorbeerblätter
2 EL Instant-Gemüsebrühe
Salz, Pfeffer
¼ TL frisch geriebene Muskatnuss
15 Nelken
1 l Glühwein
2 EL Mehl

1 Den Backofen auf 170° vorheizen. Den Truthahn innen und rund herum kräftig mit Salz und Pfeffer würzen und mit dem Bauch nach oben auf ein tiefes Backblech legen. Das Öl mit den Gewürzen verrühren und etwas davon auf den Truthahn streichen. Den Vogel im Ofen (unten) ca. 5 Std. garen, dabei alle 45 Min. mit Würzöl bestreichen.

2 In der Zwischenzeit für das Rotkraut den Kohl putzen, waschen, vierteln, den Strunk entfernen und die Viertel in feine Streifen schneiden. Die Zwiebel schälen und fein würfeln. Den Speck ebenfalls in kleine Würfel schneiden. Die Äpfel waschen, vierteln, die Kerngehäuse entfernen und die Viertel klein würfeln.

3 Das Öl in einem großen Topf erhitzen und die Zwiebel darin andünsten. Speck und Äpfel hinzufügen und 3 Min. mitbraten. Den Rotkohl hinzufügen und zugedeckt dünsten, bis er leicht zusammenfällt.

4 Lorbeerblätter, Brühe, 2 TL Salz, Pfeffer, Muskatnuss, Nelken (am besten in einem Einweg-Teebeutel) und Glühwein dazugeben. Falls der Kohl noch nicht mit Flüssigkeit bedeckt ist, noch etwas Wasser hinzufügen. Den Rotkohl zugedeckt in ca. 1 Std. weich köcheln lassen.

5 Das Mehl mit 5 EL Wasser verrühren und unter den Kohl mischen. Die Nelken entfernen und mit Salz und Pfeffer abschmecken.

6 Garprobe: Mit einem Holzstäbchen in die Truthahnbrust stechen. Ist der herauslaufende Fleischsaft klar, ist der Hahn fertig, ist er blutig, noch etwas länger garen. Für maximale Show den Truthahn bei Tisch tranchieren.

»Lucas ist von meiner Mutter mit der wichtigsten Aufgabe betraut worden: Knödelmachen. Er schummelt manchmal und macht die fertigen aus der Packung. Aber meine Mama liebt ihn so sehr, dass sie nicht mit ihm schimpft.«

Apfelpunsch
MIT INGWER

Für 4 Personen • 10 Min. Zubereitung •
Pro Portion ca. 190 kcal

1 Bio-Orange
1 TL Nelken
1 Stück Ingwer (4 cm lang)
1 ½ l Apfelsaft
1 Zimtstange
4 Sternanis

1 Die Orange heiß waschen, quer in Scheiben schneiden und die Nelken hineinstecken. Den Ingwer schälen und in dünne Stifte schneiden.

2 Orangen, Ingwer und Apfelsaft mit Zimtstange und Sternanis in einen Topf geben und den Punsch zugedeckt 5 Min. köcheln lassen.

♥ Danielas Tipp: Für gute Laune sorgt ein Schuss Rum – natürlich nur für die Erwachsenen.

Weihnachtlicher Snack

KNABBERSTANGEN-ZWEIERLEI

Für 10 Personen • 25 Min. Zubereitung • Pro Portion ca. 215 kcal

FÜR DIE KÄSESTANGEN:

200 g Schnittkäse (z. B. Butterkäse)
20 Salzstangen mit Sesam (Fertigprodukt)
1 Kästchen Gartenkresse
1 kleiner Stern-Ausstecker

FÜR DIE TANNEN-SPIESSE:

10 Wiener Würstchen
¼ Salatgurke
10 Kirschtomaten
10 lange Holzspieße

1 Für die Käsestangen den Käse in 5 mm dicke Scheiben schneiden und 20 Sterne ausstechen. Die Käsesterne auf die Sesamstangen stecken und auf einen Teller legen. Die Kresse vom Beet schneiden und über die Käsestangen streuen.

2 Für die Tannen-Spieße die Wiener jeweils in vier kleiner werdende schräge Stücke schneiden, sodass sie aufeinandergesetzt ein Dreieck ergeben. Die Gurke waschen, halbieren und in zehn 3–4 cm große Stücke schneiden. Die Tomaten waschen.

3 Die Wiener mittig und der Größe nach auf die Holzstäbe zu einem »Tannenbaum« aufspießen. Die Tomaten oben als Christbaumspitzen und die Gurkenstücke unten als Stamm aufstecken.

♥ Danielas Tipp: Statt Käsesterne kann man auch Salamisterne ausstechen und aufspießen.

Buttergebäck

Für 80 Stück • 1 Std. Zubereitung • 12 Std. Ruhen (über Nacht) • 1 Std. Backen • Pro Stück ca. 75 kcal

500 g Mehl (+ Mehl zum Arbeiten)
375 g weiche Butter
200 g Zucker
1 Pck. Vanillezucker
8 Eigelb (M)
diverse Ausstechformen

»Meine Mutter macht das beste Buttergebäck der Welt. Nicht so hauchdünne Plätzchen, die sich im Mund gleich in Nichts auflösen, sondern so richtig dicke Dinger mit ganz viel Butter.«

1 Mehl, Butter, Zucker, Vanillezucker und 5 Eigelbe glatt verkneten. Den Teig zu einer dicken Rolle formen, in Frischhaltefolie wickeln und über Nacht kühl stellen.

2 Am nächsten Tag den Backofen auf 180° vorheizen. Zwei Backbleche mit Backpapier belegen. Den Teig in sechs Teile schneiden. Eine Portion auf der leicht bemehlten Arbeitsfläche 5–7 mm dick ausrollen (den übrigen Teig kühl stellen), Plätzchen ausstechen und mit etwas Abstand auf ein Blech legen.

3 Die übrigen Eigelbe verrühren, die Plätzchen damit bestreichen und im Backofen (Mitte) in 15–20 Min. goldbraun backen. Die Plätzchen vom Blech nehmen und auskühlen lassen.

4 In der Zwischenzeit aus dem übrigen Teig auf die gleiche Weise Plätzchen ausstechen, auf das zweite Blech legen, bestreichen und backen. So weiter verfahren, bis der Teig aufgebraucht ist.

SAFTIGE

Zimtsterne

Für 60 Stück • 30 Min. Zubereitung • 1 Std. Kühlen • 30 Min. Backen • Pro Stück ca. 75 kcal

4 Eiweiß (M)
Salz
350 g Puderzucker (+ Puderzucker zum Arbeiten)
500 g gemahlene Mandeln
3 TL Zimtpulver
Stern-Ausstechform (4–5 cm groß)

1 Die Eiweiße mit 1 Prise Salz steif schlagen und dabei nach und nach den Puderzucker hinzufügen. 4 EL von der Masse beiseitestellen.

2 Die Mandeln mit dem Zimtpulver mischen und mit dem Teigschaber (oder einem großen Löffel) unter den Eischnee heben. Den Teig zugedeckt 1 Std. in den Kühlschrank stellen.

3 Den Backofen auf 125° vorheizen. Zwei Backbleche mit Backpapier belegen. Den Teig auf der mit Puderzucker bestäubten Arbeitsfläche ca. 1 ½ cm dick ausrollen. Aus dem Teig Sterne ausstechen und mit etwas Abstand auf ein Backblech legen.

4 Die Sterne mit etwas Eiweißmasse bestreichen und im Ofen (Mitte) ca. 15 Min. backen (die Glasur sollte hell bleiben). Die Sterne vom Blech nehmen. Inzwischen aus dem übrigen Teig auf die gleiche Weise Sterne ausstechen, auf das zweite Blech legen, mit Eiweißmasse bestreichen und backen.

♥ Danielas Tipp: Den Teig am besten zügig ausrollen und ausstechen. Je wärmer der Teig, desto klebriger wird er.

TV-Snacks

ZUM KNUSPERN UND KNABBERN

Manchmal brauche ich unbedingt einen Abend vor dem Fernseher, um mich zu entspannen. Man gönnt sich ja sonst nichts. Oder doch?

Ab auf die Couch!

Bevor wir bei Costa und Ingrid aus- und in unsere neue Wohnung eingezogen sind, haben Lucas und ich davon geträumt, dass wir nackt und ich nur in High Heels vor dem Fernseher sitzen und uns endlich anschauen können, was wir wollen. Tatsächlich haben wir das nie gemacht.

Stattdessen mache ich so ungefähr alle zwei Wochen mit meiner Mama einen Mädelsabend auf der Couch. Oder auch mit einer Freundin – aber auf jeden Fall ist das immer so eine Mädelsgeschichte. Fressen, schnattern, Schluffiklamotten – und nebenbei läuft der Fernseher. Sophia fängt auch schon damit an. Sie erzählt mir dann bei einer ihrer Lieblingsserien, mit wem sie Streit in der Vorschule hatte, welcher Junge sie geärgert hat oder was sie sich zum Geburtstag wünscht. So was halt.

Lucas stört das übrigens nicht. Der geht eh meist ganz früh ins Bett. Bevor ihr jetzt auf komische Gedanken kommt: Er steht auch schon um sechs Uhr auf und geht laufen. Er liebt einfach die Ruhe am Morgen und den Sonnenaufgang.

Kreatives Fingerfood

KNABBERN MUSS SEIN

Am liebsten schauen wir romantische Komödien oder »Sex-and-the-City«-Folgen, natürlich ohne Sophia. Ich bin ein Riesenfan von Herz-Schmerz-Dramen und könnte jeden Abend »Pretty Woman« gucken. Und ich esse leidenschaftlich gerne dabei. Damit man nicht tütenweise Chips in sich reinstopft, mache ich mir oft kleine Häppchen, am besten als Spießchen. So Zahnstocher-Snacks wie Käse-Trauben, Erdbeer-Bananen oder Tomaten-Mozzarella. Das gab's auch schon früher bei uns daheim. Meine Mama hat sogar mal ein Kastanien-Männchen zum Snacken gebastelt. Aus Radieschen. Damit könnte ich bei Sophia bestimmt auch punkten. Muss ich unbedingt bald mal ausprobieren.

Ich mag so kitschige Filme wie »Vom Winde verweht«, »Dirty Dancing« oder »Forrest Gump«. Aber die gucke ich nur allein. Ich will dann nicht quatschen und auch nicht schief von der Seite angeschaut werden, nur weil ich schon wieder Pipi in den Augen habe. Dazu trinke ich gerne Kakao oder esse Schokolade. Passt doch, oder?

»Ganz wichtig zum Fernsehen: dicke Socken, Jogginghose und Kuscheldecken – eine als Kissen und eine für die Beine.«

Für 4 Personen • 20 Min. Zubereitung • 20 Min. Backen • Pro Portion ca. 250 kcal

Low-Carb-Pizza

MIT CHAMPIGNONS UND SCHINKEN

FÜR DEN BODEN:

175 g geriebener Mozzarella
200 g Magerquark
3 Eier
1 TL getrockneter Oregano
Salz
Pfeffer

FÜR DEN BELAG:

½ Zwiebel
75 g Kochschinken
3 Champignons
100 g passierte Tomaten (Tetrapak)
Salz
Pfeffer
1 TL getrockneter Oregano
75 g geriebener Mozzarella

1 Den Backofen auf 200° vorheizen. Ein Backblech mit Backpapier belegen.

2 Für den Boden alle Zutaten in einer Schüssel verrühren und kräftig mit Salz und Pfeffer würzen.

3 Die Masse auf dem Backblech gleichmäßig verstreichen. Den Boden im Ofen (Mitte) in ca. 15 Min. goldbraun backen.

4 Inzwischen für den Belag die Zwiebel schälen und in dünne Ringe schneiden. Den Schinken grob zerzupfen. Die Pilze trocken abreiben, putzen und in dünne Scheiben schneiden.

5 Das Tomatenpüree mit Salz und Pfeffer würzen, den Oregano unterrühren. Den Boden aus dem Backofen nehmen und mit der Tomatensauce bestreichen. Zwiebel, Champignons und Kochschinken darauf verteilen und alles mit dem Mozzarella bestreuen.

6 Die Pizza im Ofen (Mitte) in weiteren 15–20 Min. knusprig backen.

Für 4 Personen • 30 Min. Zubereitung • 20 Min. Backen • Pro Portion ca. 995 kcal

Makkaroni-Auflauf

MIT HACKFLEISCH

1 Zwiebel
2 Knoblauchzehen
1 EL Olivenöl
400 g Rinderhackfleisch
1 EL Tomatenmark
Salz
Pfeffer
2 Dosen stückige Tomaten (je 400 g)
350 g kurze Makkaroni
50 g Butter
2 EL Mehl
250 ml Milch
100 g Sahne
frisch geriebene Muskatnuss
250 g geriebener Gouda

1 Zwiebel und Knoblauch schälen und fein würfeln. Das Öl in einer Pfanne erhitzen, Zwiebel und Knoblauch darin andünsten. Das Hackfleisch hinzufügen und unter gelegentlichem Rühren braun anbraten.

2 Das Tomatenmark kurz mitbraten und kräftig mit Salz und Pfeffer würzen. Die Tomaten dazugeben und die Sauce offen köcheln lassen.

3 Inzwischen die Makkaroni in gesalzenem Wasser nach Packungsanweisung bissfest kochen. Den Backofen auf 180° vorheizen.

4 Die Butter in einer Pfanne bei mittlerer Hitze schmelzen. Das Mehl darin unter Rühren kurz aufkochen. Milch und Sahne angießen und unter Rühren köcheln lassen, bis die Sauce cremig ist. Mit Salz, Pfeffer und 1 Prise Muskatnuss würzen.

5 Die Makkaroni in ein Sieb abgießen, abtropfen lassen und unter die Tomatensauce mischen. Die Nudelmischung in einer ofenfesten Form (ca. 20 × 30 cm) verteilen und die helle Sauce darübergießen. Den Käse darauf verteilen und den Makkaroni-Auflauf im Ofen (Mitte) in ca. 20 Min. goldbraun backen.

»Wenn mal was im Fernsehen läuft, das der ganzen Familie gefällt, machen wir TV-Dinner auf der Couch – zum Beispiel mit diesem leckeren Makkaroni-Auflauf. Gerade an kalten Abenden passt der perfekt.«

GURKIGE

Lachs-Schnittchen

Für 2 Personen • 15 Min. Zubereitung • Pro Portion ca. 235 kcal

½ Salatgurke
100 g Kräuter-Doppelrahmfrischkäse
100 g Räucherlachs (in Scheiben)
Salz
Pfeffer
1 TL Sesam (ersatzweise gehackte Nüsse)

1 Die Gurke waschen und in ca. 2 cm dicke Scheiben schneiden. Auf jede Gurkenscheibe etwas Frischkäse streichen.

2 Den Lachs in kleine Stücke schneiden und auf dem Frischkäse verteilen. Die Schnittchen mit Salz und Pfeffer würzen und mit dem Sesam bestreuen.

♥ Danielas Tipp: Gehackte Kräuter oder ein bisschen Kresse sehen gut aus und schmecken superlecker auf den Schnittchen.

FEURIGE

Gemüse-Chips

Für 4 Personen • 15 Min. Zubereitung • 30 Min. Backen • Pro Portion ca. 113 kcal

1 kleine Süßkartoffel
1 Rote Bete
1 Pastinake
3 EL Olivenöl
½ TL Knoblauchpulver
½ TL rosenscharfes Paprikapulver
½ TL grobes Salz (+ Salz zum Bestreuen, nach Belieben)
1 Msp. Chiliflocken

1 Den Backofen auf 200° vorheizen. Zwei Backbleche mit Backpapier belegen.

2 Rote Bete und Pastinake gründlich waschen und trocken tupfen. Beides samt Schale in sehr dünne Scheiben schneiden.

3 Das Öl mit den Gewürzen in einer Schüssel verrühren und das Gemüse darin wenden. Die Gemüsescheiben nebeneinander auf die Bleche legen und nacheinander im Ofen (Mitte) in 10–15 Min. knusprig backen.

4 Die Chips herausnehmen, abkühlen lassen und nach Belieben mit etwas Salz bestreuen.

♥ Danielas Tipp: Neue Geschmacksvarianten kann man mit Chiliflocken, Curry- oder Zimtpulver kreieren. Einfach das Öl statt mit Paprikapulver mit einem anderen Gewürz mischen und die Gemüsescheiben darin wenden.

»Filme schauen ohne Essen geht gar nicht. Vor allem, wenn es spannend wird, brauche ich was zu knabbern. Meine Mama hat sich extra eine Popcorn-Maschine gekauft, damit ich nicht durchdrehe, wenn wir bei ihr gucken. Bei uns daheim kommt das Popcorn einfach aus dem Topf.«

Pimp your Popcorn

IN ZWEI VARIANTEN

Für 2 Personen • 15 Min. Zubereitung • Pro Portion ca. 785 kcal

1 TL Öl
50 g Popcorn-Mais

FÜR DAS KOKOS-SCHOKO-POPCORN:
100 g dunkle Schokolade
2 EL Kokosraspel

FÜR DAS KRÄUTER-KÄSE-POPCORN:
75 g Butter
30 g Parmesan
½ TL Knoblauchpulver
1 Msp. Chiliflocken
1 TL getrocknete ital. Kräuter

1 Das Öl in einem Topf bei mittlerer Hitze erwärmen. Den Mais dazugeben und den Deckel daraufsetzen. Den Topf gelegentlich leicht rütteln, bis die Körner zu poppen beginnen (das hört man). Den Topf ab und zu etwas kräftiger rütteln, bis das Poppen aufhört. Das Ganze dauert ca. 5 Min.

2 Inzwischen für das Kokos-Schoko-Popcorn die Schokolade hacken und über einem Wasserbad oder in der Mikrowelle in einer geeigneten Schüssel bei 600 Watt in ca. 2 Min. schmelzen lassen.

3 Die Hälfte des Popcorns mit der flüssigen Schokolade mischen und die Kokosraspel darüberstreuen. Die Schokolade fest werden lassen.

4 Für das Kräuter-Käse-Popcorn die Butter in einem Topf schmelzen lassen. Den Parmesan fein reiben und mit den restlichen Zutaten unter die Butter rühren. Das übrige Popcorn in der Kräuter-Käse-Mischung wenden – Film ab.

SCHOKOLADIGES

Eis-Sandwich

Für 2 Personen • 5 Min. Zubereitung • Pro Portion ca. 430 kcal

2 Kugeln Eis (z. B. Vanille)
4 große Schokoladen-Kekse
2 TL Erdbeerkonfitüre

1 Die Eiskugeln jeweils auf einen Keks legen und die Konfitüre darauf verteilen.

2 Die übrigen Kekse daraufsetzen und die Eiskugeln dabei leicht zusammendrücken.

»Eis ist super lecker, Sophia und ich können nicht genug davon kriegen. Auch ihre Freundinnen wollen immer eins haben. Bevor gespielt wird, stehen die erst mal vor dem Kühlschrank.«

ROSAROTE

Schoko-Brezeln

Für 2 Personen • 10 Min. Zubereitung •
Pro Portion ca. 565 kcal

75 g weiße Schokolade
150 g Salzbrezeln (Knabbergebäck)
3 EL rosa Streuselperlen

1 Die Schokolade grob hacken und über einem Wasserbad oder in der Mikrowelle bei 600 Watt in ca. 1 Min. schmelzen lassen.

2 Die Brezeln auf einem Bogen Backpapier auslegen. Die flüssige Schokolade mit einem Löffel über die Brezeln träufeln. Mit den Streuseln bestreuen und die Schokolade fest werden lassen.

♥ Danielas Tipp: Ich wandle die Knabberbrezeln nach Lust und Laune ab. Leckere Varianten sind beispielsweise Sesam-Brezeln (dunkle Schokolade und Sesam) und Chili-Brezeln (weiße Schoki und Chiliflocken).

Pretty Woman

FOOD FÜR HAUT UND SEELE

Wer schön sein will, muss nicht leiden, sondern ab in die Küche. Nicht nur zum Naschen, sondern weil man sich so den Weg zur Kosmetikerin sparen kann.

Danis Beauty-Salon

Ich lege schon Wert auf mein Aussehen, aber deshalb will ich doch nicht Stunden im Bad verbringen. Das macht schon Lucas. Und nur so rumliegen und irgendeine Creme einwirken lassen, finde ich auch ziemlich langweilig. Das ist ja gerade das Tolle an Masken, dass man die einfach so nebenbei tragen kann. Du machst alles wie immer und siehst danach trotzdem 15 Jahre jünger aus. Weil der Mund ausgespart wird, kann man beim Fernsehen mit Maske sogar noch gut Popcorn essen.

Manchmal hab ich aber auch ganz plötzlich Lust auf Wellness – und nichts da. Dann mache ich einen Abstecher in die Küche und suche mir dort was zusammen. Gurken zum Beispiel sind ja so ein Klassiker. Ich knalle mir aber nicht einfach nur zwei Scheiben auf die Augen. Ich schneide die vorher nochmal durch und lege eine Hälfte auf die Schlupflider, die andere auf die Tränensäcke. So kann ich nämlich noch dazwischen rausblinzeln. Was auch immer da ist – Joghurt, Zitronen, Zucker und Honig: Das alles ist nicht nur lecker, sondern macht auch schön. Wie, verrate ich gleich.

VON INNEN AUSPOLSTERN

So ziemlich das Wichtigste für schöne Haut ist viel zu trinken. Zum Beispiel gleich morgens zwei Gläser Wasser mit Zitronensaft zum Durchputzen. Da wird alles rausgespült. Zitronensaft ist überhaupt der Tipp. Ich mag ja Wasser nicht so gern, aber mit Zitrone schmeckt es. Damit schaffe ich auch zwei Liter am Tag. Ich fülle mir einen großen Krug mit Wasser und presse den Saft von ein paar frischen Zitronen hinein. Die wachsen hier auf Mallorca ja an jeder Ecke. Dann gebe ich noch ganz viele Zitronenscheiben dazu, Orangenscheiben sind auch gut. Oder Gurke. Und dann noch frische Minze. Ich liebe überhaupt Minze. Ich mag auch sehr gerne Tee mit frischer Minze. Die ist zwar nicht frisch gepflückt, aber zumindest frisch gekauft. Ich bin ja nicht so die Gärtnerin, ich habe eher pinke Daumen als grüne. Aber irgendwann lege ich mir mal einen kleinen Kräutergarten zu.

Zeit für mich!

»Die Küche ist auch mein Beauty-Salon. Trotzdem ist natürlich klar, dass wahre Schönheit von innen kommt.«

Futter für die Haut

PEELING & MASKE FÜR STRAHLENDEN TEINT

Für 1 Maske • 5 Min. Zubereitung • 10 Min. Einwirken

FÜR DAS PEELING:

1 EL Honig
1 EL brauner Zucker

FÜR DIE MASKE:

2 EL Joghurt
2 TL Zitronensaft

1 Für das Peeling Honig und Zucker verrühren. Die Mischung auf das Gesicht auftragen und mit mit den Fingern in kreisenden Bewegungen massieren. Das Peeling mit lauwarmem Wasser abspülen. Jetzt ist die Haut perfekt für die Maske vorbereitet.

2 Für die Maske Joghurt und Zitronensaft verrühren. Die Mischung auf Gesicht und Dekolleté auftragen und ca. 10 Min. einwirken lassen. Die Maske mit lauwarmem Wasser abspülen.

»Mit den richtigen Sachen kann man sich nicht nur den Bauch vollschlagen, sondern man bekommt auch schöne Haut. Einfach Joghurt und Honig direkt aufs Gesicht. Und wenn was tropft, nasche ich.«

Let's glow

TRINK DIR FRISCHE, SCHÖNE HAUT

Für 1 Liter • 5 Min. Zubereitung • 1 Std. Ziehen

1 Zitrone
5 Stängel Minze
¼ Salatgurke
1 l Mineralwasser (mit Kohlensäure)

1 Den Saft der Zitrone auspressen. Die Minze waschen, trocken schütteln und die Blätter leicht andrücken. Die Gurke waschen und in dünne Scheiben schneiden.

2 Die vorbereiteten Zutaten in eine große Karaffe geben und mit dem Mineralwasser auffüllen. Die Mischung mindestens 1 Stunde ziehen lassen.

♥ Danielas Tipp: Trinken ist der Beauty-Tipp schlechthin. Wasser kann man mit allem aufpeppen, worauf man gerade Lust hat: Rosmarin, Thymian, Ingwer, Beeren, Zitrusfrüchte oder auch mal Zitrusschalen.

Für 4 Personen • 30 Min. Zubereitung • 30 Min. Garen • Pro Portion ca. 345 kcal

Hähnchensalat

MIT BUTTERMILCHDRESSING

4 Hähnchenbrustfilets (à ca. 140 g)
Salz
Pfeffer
2 Eier (M)
60 g Cornflakes (ohne Zucker)
1 Eisbergsalat
1 Bund Schnittlauch
1 Zitrone
125 g Buttermilch
125 g saure Sahne
½ TL Knoblauchpulver

1 Den Backofen auf 200° vorheizen. Ein Backblech mit Backpapier belegen.

2 Die Hähnchenbrustfilets rundherum mit Salz und Pfeffer würzen. Die Eier in einer Schüssel verquirlen. Die Cornflakes zwischen den Händen möglichst fein zerkrümeln und auf einen Teller geben.

3 Die Hähnchenfilets zunächst in den Eiern wenden, anschließend mit beiden Seiten in die Cornflakes drücken, bis sie rundherum damit bedeckt sind. Die Filets auf das Backblech legen und im Ofen (Mitte) in 25–30 Min. goldbraun garen.

4 In der Zwischenzeit den Salat waschen und in kleine Stücke schneiden. Den Schnittlauch waschen, trocken schütteln und in feine Röllchen schneiden. Den Saft der Zitrone auspressen, die Hälfte davon mit Buttermilch, saurer Sahne, Schnittlauch, Knoblauchpulver, Salz und Pfeffer in einer Schüssel mischen. Mit Zitronensaft abschmecken.

5 Den Salat mit dem Dressing mischen und auf Tellern anrichten. Die Hähnchenfilets in Streifen schneiden und auf dem Salat verteilen.

Für 2 Personen • 20 Min. Zubereitung • Pro Portion ca. 630 kcal

Spaghetti mit Garnelen

UND TOMATEN

250 g Spaghetti
Salz
250 g Kirschtomaten
2 Knoblauchzehen
1 EL Olivenöl
250 g Garnelen (küchenfertig)
1 TL getrocknete ital. Kräuter
1 Msp. Chiliflocken

1 Die Spaghetti in gesalzenem Wasser nach Packungsanweisung bissfest kochen.

2 In der Zwischenzeit die Tomaten waschen und halbieren. Den Knoblauch schälen und in kleine Würfel schneiden.

3 Das Öl in einer Pfanne erhitzen und den Knoblauch andünsten. Die Tomaten hinzufügen, salzen und ein paar Minuten mitköcheln, bis sie leicht einfallen. Die Garnelen mit den Kräutern und Chiliflocken hinzufügen und alles weitere 2–3 Min. erhitzen.

4 Die Spaghetti in ein Sieb abgießen, dabei etwas Kochwasser auffangen. Die Spaghetti mit dem Kochwasser in die Pfanne geben und alles miteinander mischen.

»Am Beauty-Abend esse ich gern was Leichtes. Mit diesem Rezept habe ich schon beim Promidinner gepunktet. Allerdings noch mit Profi-Unterstützung. Heute schaffe ich es allein. Es schmeckt übrigens auch prima mit Zucchini-Nudeln.«

ERFRISCHENDER

Pink-Lady-Mocktail

Für 4 Personen • 10 Min. Zubereitung •
Pro Portion ca. 105 kcal

2 Limetten
2 EL Zucker
400 ml Rhabarbersaft
400 ml Himbeersaft
4 Handvoll Crushed Ice

1 Die Limetten aufschneiden und damit den Glasrand befeuchten. Den Zucker in ein Schälchen geben und die Glasränder hineintauchen. Den Zuckerrand trocknen lassen.

2 Den Saft der Limetten auspressen und mit den beiden Säften und dem Crushed Ice mischen. Den Mocktail in die Gläser geben und sofort servieren.

»Bei einem richtigen Beauty-Abend mag ich eigentlich nicht nur Wasser trinken. Das Ganze soll ja schließlich nicht nur schön, sondern auch Spaß machen. Ich liebe die Kombi aus Himbeere und Rhabarber, weil sie nicht so süß ist – und wegen der Megafarbe.«

FRUCHTIGER

Erdbeer-Mojito

Für 4 Personen • 10 Min. Zubereitung •
Pro Portion ca. 185 kcal

200 g Erdbeeren
3 Stängel Minze
2 Limetten
3 EL Rohrzucker
200 ml weißer Rum
4 Handvoll Crushed Ice
400 ml Sodawasser

1 Die Erdbeeren waschen und putzen. Die Minze waschen, trocken schütteln und die Blätter abzupfen. Erdbeeren und Minzeblätter in einer Karaffe mit einem Holzlöffel zerdrücken.

2 Den Saft der Limetten auspressen, mit Rohrzucker und Rum in die Karaffe geben und den Erdbeer-Mojito verrühren.

3 Das Crushed Ice in die Gläser füllen, den Mojito darübergießen und mit Sodawasser auffüllen.

♥ Danielas Tipp: Wer auf Alkohol verzichten möchte, ersetzt Rum und Soda einfach durch Ginger Ale.

Working Mom

FOOD TO GO

Nur weil man arbeitet, heißt das nicht, dass man weniger Hunger hat. Sieht ja im Fernsehen oft so aus. Ein Salatblatt und man hat sofort gute Laune. Im Gegenteil. Da ist Nervennahrung gefragt.

Dani on the Road

Heute hier, morgen da, bei mir ist immer was los. Und weil ich auf einer Insel wohne, sitze ich, wenn ich unterwegs bin, immer mindestens zwei Stunden im Flieger. Und davor schon eine am Flughafen. Ich weiß auch nicht warum, aber die Warterei und das Sitzen machen mich immer ganz schnell hungrig. Damit ich mir dann nicht irgendwas kaufe, was ich eigentlich gar nicht essen will, nehme ich mir etwas mit. Aber kein Butterbrot, das bekommt Sophia in ihre Brotdose. Wenn's schnell gehen muss, packe ich einfach ein paar Datteln ein. Die retten den Tag.

Nüsse sind auch gut. Die sind voll mein Ding! Mit denen habe ich auch kein Problem bei der Sicherheitskontrolle am Flughafen. Bei Drehs oder Shootings muss ich echt aufpassen, dass ich nicht dauernd was in mich reinstopfe. Die karren immer so leckeres Zeug an. Deshalb steht immer eine große Flasche Wasser neben mir. Das hilft, mein Tagesziel mit den zwei Litern zu erreichen, und ich habe keinen Heißhunger mehr. Aber klar nasche ich zwischendurch auch mal.

HUNGRIGE TUSSI AN BORD

Wenn ich zu Hause bin, sind Lucas, Sophia und ich oft den ganzen Tag auf Achse. Da ist die Verführung groß, zwischendurch einfach schnell einen Burger zu essen, wenn man Hunger bekommt. Ich muss sofort was zu essen kriegen, wenn ich hungrig werde. Sonst werde ich zickig. Deshalb nehme ich gern Mandarinen oder eine Banane mit, einfach was mit Schale, weil es so gleich verpackt ist. Wir können eben auch gesund. Ich sag's doch: Aus der Tussi ist 'ne Mama geworden.

Muss auch mal sein!

»Im Brotdosenpacken bin ich fast so gut wie im Kofferpacken. Nur dass ich statt Socken Kirschtomaten in die Lücken stecke.«

♥

Erdbeer-Bananen-Smoothie

SCHNELL & GESUND UNTERWEGS

Für 2 Personen • 5 Min. Zubereitung •
Pro Portion ca. 150 kcal

2 Bananen
2 Limetten
300 g TK-Erdbeeren

1 Die Bananen schälen und in grobe Stücke schneiden. Den Saft der Limetten auspressen.

2 Bananen, Limettensaft, die gefrorenen Erdbeeren und 100 ml kaltes Wasser im Standmixer oder Blitzhacker zu einem Smoothie mixen. In ein Transportgefäß füllen und unterwegs trinken oder in ein Glas geben und gleich genießen.

♥ Danielas Tipp: Für besonders hektische Tage habe ich Beutel mit vorbereiteten Früchten im Tiefkühlfach. Die schütte ich einfach in den Mixer, Wasser oder Joghurt dazu – fertig ist der fruchtige Smoothie!

Frühstück am Stiel

ERFRISCHEND & FRUCHTIG

»Dieses eiskalte Frühstück ist eine geniale Idee für alle, die morgens immer spät dran sind und schnell ins Schwitzen kommen, wenn die Zeit knapp ist. Zwischendurch oder als Nachtisch schmeckt es übrigens mindestens genauso gut.«

Für 8 Stück • 15 Min. Zubereitung •
4 Std. Tiefkühlen • Pro Stück ca. 75 kcal

125 g gemischte Beeren (oder anderes Obst)
250 g griech. Joghurt (10 % Fett)
125 ml Milch
1 EL Honig
3 EL Granola (ersatzweise Müsli)

AUSSERDEM:
8 Eisförmchen mit Stiel

1 Die Beeren waschen und trocken tupfen. Den Joghurt mit Milch und Honig verrühren.

2 Beeren und Joghurtmischung abwechselnd in die Eisförmchen füllen. Mit einer Schicht Granola abschließen und die Stiele hineinstecken. Das Frühstück am Stiel im Tiefkühlfach mindestens 4 Std. oder am besten über Nacht fest werden lassen.

»Diese Gemüseküchlein waren schon oft meine Rettung. Sie machen nämlich schön satt, aber trotzdem nie müde – ideal für einen vollen Powertag. Und weil sie kalt genauso gut schmecken wie lauwarm, sind sie ideal für die Lunchbox.«

Brokkoli-Fritters

MIT CASHEWS

Für 2 Personen • 20 Min. Zubereitung • Pro Portion ca. 880 kcal

1 Brokkoli
Salz
150 g Mehl (Type 550)
4 Eier (M)
Pfeffer
80 g Schafskäse (Feta)
70 g Cashewnüsse (ersatzweise Mandeln oder Pinienkerne)
2 EL Öl zum Braten

1 Den Brokkoli putzen, waschen und in Röschen schneiden. Gesalzenes Wasser erhitzen und den Brokkoli darin in ca. 5 Min. bissfest kochen. Dann in ein Sieb abgießen und abtropfen lassen.

2 Inzwischen das Mehl mit den Eiern, Salz und Pfeffer in einer Schüssel zu einem flüssigen Teig verrühren. Den Feta dazukrümeln.

3 Die Nüsse grob hacken, mit dem Brokkoli unter den Teig mischen.

4 Das Öl in einer großen Pfanne erhitzen, und den Teig in acht Portionen hineingeben. Die Fritters auf beiden Seiten in jeweils ca. 3 Min. goldbraun braten.

»Mein Magen ist leider
nicht sehr geduldig.
Er braucht sofort
Zuwendung, wenn er
zu grummeln anfängt.«

Für 4 Personen • 20 Min. Zubereitung • Pro Portion ca. 465 kcal

Apfelküchlein

MIT STRACCIATELLA-QUARK

150 g Mehl
1 TL Backpulver
45 g Zucker
2 Eier (M)
150 ml Milch
4 Granny-Smith-Äpfel
250 ml Öl
250 g Magerquark
1 Pck. Vanillezucker
3 EL Schokostreusel

1 Mehl, Backpulver, Zucker, Eier und 100 ml Milch in einer Schüssel verrühren. Die Äpfel waschen, schälen und die Kerngehäuse entfernen. Die Äpfel in ca. 2 cm dicke Ringe schneiden.

2 Das Öl in einem weiten Topf erhitzen; es ist heiß genug, wenn an einem eingetauchten Holzlöffelstiel Bläschen aufsteigen. Die Apfelscheiben in den Teig tauchen, portionsweise ins Öl gleiten lassen und in 2–3 Min. goldbraun backen. Die Küchlein mit dem Schaumlöffel herausheben und auf Küchenpapier entfetten lassen. Anschließend in zwei Lunchboxen verteilen.

3 Den Quark mit der übrigen Milch und dem Vanillezucker verrühren. Die Schokostreusel untermischen. Den Stracciatella-Quark in zwei Boxen oder Gläser füllen.

4 Die Apfelküchlein und den Stracciatella-Quark in die Taschen packen und los geht's.

Peperoni-Pizza-Spieße

MEINE BROTDOSE

Für 4 Stück • 10 Min. Zubereitung •
Pro Stück ca. 155 kcal

8 Kirschtomaten
2 Peperoni
4 Scheiben Ciabatta
2 EL Ketchup
8 Mini-Mozzarella
4 Holzspieße

1 Die Tomaten waschen. Die Peperoni waschen und in zwölf Scheiben schneiden. Die Ciabattas mit Ketchup bestreichen und quer halbieren.

2 Auf jeden Holzspieß zuerst ein Ciabattastück, dann abwechselnd Peperoni, Kirschtomaten und Mozzarella-Kugeln aufpiksen. Jeden Spieß mit einem Ciabattastück abschließen. Die Spieße in eine Lunchbox legen.

»Ich liebe diese Mini-Sandwiches. Zum einen, weil ich einfach alles mag, was auf Spießchen gesteckt wird. Und zum anderen, weil ich dafür gerade mal so viel Brot brauche, dass ich davon perfekt satt werde, ohne mich aufgebläht zu fühlen.«

Erdnuss-Bananen-Cookies

MIT NUR 4 ZUTATEN

Für 10 Stück • 5 Min. Zubereitung • 20 Min. Backen • Pro Stück ca. 105 kcal

2 reife Bananen
50 g Zartbitterschokolade
3 EL Erdnussbutter
75 g Feinblatt-Haferflocken

1 Den Backofen auf 180° vorheizen. Ein Backblech mit Backpapier belegen.

2 Die Bananen schälen und mit einer Gabel zerdrücken. Die Schokolade möglichst fein hacken. Bananen, Schokolade, Erdnussbutter und Haferflocken mischen. Mit einem Löffel die Masse in zehn Häufchen mit etwas Abstand auf das Blech setzen.

3 Die Cookies im Ofen (Mitte) 20 Min. backen. Vom Blech nehmen und abkühlen lassen.

♥ Danielas Tipp: Für einen sehr langen Powertag dürfen es auch gern mal 1–2 EL Erdnussbutter mehr im Cookie-Teig sein.

Für 4 Stück • 20 Min. Zubereitung • 30 Min. Backen • Pro Portion ca. 590 kcal

Low-Carb-Brötchen

MIT SPECK UND TOMATEN-AUFSTRICH

FÜR DIE BRÖTCHEN:
1 Bund Schnittlauch
2 Eier (M)
50 g Magerquark
200 g geriebener Gouda
125 g magere Speckwürfel
150 g gemahlene Mandeln
1 Msp. gemahlener Kümmel

FÜR DEN AUFSTRICH:
1 Tomate
1 Knoblauchzehe
5 getrocknete Tomaten (in Öl)
3 Stängel Basilikum
100 g Doppelrahmfrischkäse
100 g Hüttenkäse
1 EL Tomatenmark
Salz
Pfeffer

1 Den Backofen auf 180° vorheizen. Ein Backblech mit Backpapier belegen.

2 Für die Brötchen den Schnittlauch waschen, trocken schütteln und in feine Röllchen schneiden.

3 Die Eier in einer Schüssel verquirlen. Die übrigen Zutaten hinzufügen und alles vermischen. Mit angefeuchteten Händen aus dem Teig vier Brötchen formen und auf das Backblech legen. Die Brötchen im Ofen (Mitte) in ca. 30 Min. goldbraun backen. Dann herausnehmen und abkühlen lassen.

4 Inzwischen für den Aufstrich die frische Tomate waschen, halbieren und dabei den Stielansatz herausschneiden. Die Hälften in kleine Würfel schneiden.

5 Den Knoblauch schälen und sehr fein würfeln oder durch die Knoblauchpresse drücken. Die getrockneten Tomaten gut abtropfen und in kleine Stücke schneiden. Das Basilikum waschen, trocken schütteln, die Blätter abzupfen und in feine Streifen schneiden.

6 Alle Aufstrichzutaten in einer Schüssel verrühren, mit Salz und Pfeffer würzen. Den Aufstrich in verschließbare Boxen füllen, die Brötchen separat verpacken. Der Aufstrich ist übrigens auch ein leckerer Dip zu Gemüse-Sticks.

»Brötchen ohne Mehl, dafür mit Speck und Käse als Teig – geht's überhaupt noch besser? Und obendrauf kommt zudem mein geliebter Hüttenkäse zum Einsatz, mit getrockneten Tomaten, die dem Aufstrich ein ganz besonders leckeres Aroma geben.«

Register

Vielen Dank …

… an alle Mamas, Fans, Rezeptjunkies, (Hobby-)Köche und Kochfanatiker, die mich inspiriert haben und bei denen ich mir Tipps abgestaubt habe.

Eure Dani ♥

Impressum

Projektleitung: Vanessa Lotz
Lektorat: Gertrud Köhn
Inhaltlicher Support: Sylvie Hinderberger und Sandra Schumann
Korrektorat: Ulrike Wagner
Innen- und Umschlaggestaltung: independent Medien-Design, München: Horst Moser (Artdirection), Martha Olesniewicz
Herstellung: Martina Koralewska
Satz: Gertrud Köhn, München
Reproduktion: Longo AG, Bozen
Druck und Bindung: Firmengruppe APPL, aprinta druck, Wemding

Printed in Germany

2. Auflage 2020

ISBN 978-3-8338-7557-1

Umwelthinweis
Dieses Buch ist auf PEFC-zertifiziertem Papier aus nachhaltiger Waldwirtschaft gedruckt.

www.facebook.com/gu.verlag

GRÄFE UND UNZER

Ein Unternehmen der
GANSKE VERLAGSGRUPPE

Die Autorin

Daniela Katzenberger, Deutschlands Kultblondine Nr. 1, ist erfolgreich als TV-Star, Moderatorin, Geschäftsfrau und Buchautorin tätig. Seit zehn Jahren begeistert die schlagfertige Blondine ihre Fans mit ihren Dokusoaps und jeder Menge Pfälzer Charme. Mit vier Millionen Followern ist die Katze auch in den sozialen Medien ein Star. Daniela lebt mit Ehemann Lucas Cordalis und Töchterchen Sophia auf Mallorca.

Der People-Fotograf

Boris Breuer ist seit mehr als 20 Jahren freiberuflicher Fotograf mit dem Schwerpunkt People, Porträt, Lifestyle und Reise und hatte schon viele Prominente vor der Linse. Zusammen mit **Grzegorz Bieniek** (Assistenz), **Natalia Witschke** (Styling) und **Denise Fickert** (Haare & Make-up) verwandelte er für Daniela Katzenberger sein Fotostudio in eine rosa Traumkulisse.

Die Food-Fotografin

Die Australierin **Becca Crawford** lebt in Berlin. Sie wuchs in Sydney auf und studierte dort Architektur sowie Mode in New York. Beccas ganzheitliche Herangehensweise und Vielfalt erkennt man in jedem ihrer Shootings. Zusammen mit **Max Faber** (Foodstyling) hat sie die Rezepte rosarot in Szene gesetzt.

Bildnachweis

People-Fotos: Boris Breuer
Food-Fotos: Becca Crawford
Glitzer-Hintergrund: Getty Images

Syndication
www.seasons.agency

Backofenhinweis
Die Backzeiten können je nach Herd variieren. Die Temperaturangaben in unseren Rezepten beziehen sich auf das Backen im Elektroherd mit Ober- und Unterhitze und können bei Gasherden oder Backen mit Umluft abweichen. Details entnehmen Sie bitte Ihrer Gebrauchsanweisung.